Lauter schöne

Albert Müller Verlag
Rüschlikon-Zürich · Stuttgart · Wien

Kathrin Rüegg

Jahreszeiten

Tessiner Bild-Tagebuch

Für unsere Leser, die uns mit Briefen und Besuchen ihre Sympathie und Freundschaft bewiesen haben.

Susi, Alice und Kathrin

Die geographischen sowie die Eigennamen wurden zum Teil geändert – so wie sie in meinen Büchern stehen.
Um dem interessierten Leser die Suche zu erleichtern: das Acquaverdetal ist das Verzascatal im Tessin (Schweiz).

ISBN 3-275-00827-7. – 1/40-83.
Printed in Switzerland.

Layout	Rolf Kleinschnittger
Lithos	Fotolitho Neuenhof, CH
Druck	Zobrist & Hof AG, Liestal
Bucheinband	Großbuchbinderei Schumacher AG
Papier	Chromomat 135 gm² der Biber Papier AG

Inhaltsverzeichnis

Einleitung

Froda, Ende Januar 1983

Draußen ist es noch dunkel. Die Konturen der Mauern, der steinernen Bank und des runden Tischs, der einst ein Mühlstein war, heben sich ab im Schnee, der das Licht meiner Lampe reflektiert. Das Fenster ist spaltbreit geöffnet. Die Winterluft prickelt wie Champagner. Ganz leise murmelt der Fluß, der sich sachte durchs verschneite Bachbett schlängelt.

Ich halte – wie immer, wenn ich an meinem Schreibtisch sitze, eine kleine Zwiesprache mit dem Lärchenbaum, der vier, fünf Meter vom Haus entfernt von selbst gewachsen ist. Wenn ich mich ganz zum Fenster vorbeuge, kann ich seine Spitze gerade noch sehen. Unglaublich, wie rasch der Baum wächst! An die sechs Meter hoch ist er nun – und dabei ist er erst sieben Jahre alt. Ich weiß das so genau, weil ich zu jener Zeit einen persönlichen Verlust erlitt. Die Wunde ist zwar verheilt, die Narbe schmerzt auch heute noch. Damals dachte ich, es sei für mich wohl besser, mein Herz an Tiere und Pflanzen

zu verschenken. Genau an jenem Tag entdeckte ich das Lärchenbäumchen. Es war kaum höher als meine Hand breit ist. Vielleicht wächst es so schön heran, weil es meine Zuneigung spürt. Wer weiß?

An der Wand tickt eine alte Uhr mit bemaltem Zifferblatt, zwei mit Messingblech umkleideten Gewichten und langem Pendel. Tick-tack. Sie zerteilt die Zeit in kleine Momente, bleibt nur stehen, wenn ich weg bin und niemand daran denkt, sie aufzuziehen. Die Stunden schlägt sie mit jenem hellen Glockenklang, der mich an meine Jugendzeit erinnert. Uhren sind für mich lebendig. Meine Uhr sagt «weisch no – weisch no – weißt du noch – weißt du noch?» Und vieles taucht auf. Vieles, das ich jahrelang, nein, jahrzehntelang vergessen hatte, wird wieder lebendig. Ich erinnere mich an Begebenheiten, die fast ein halbes Jahrhundert zurückliegen.

Im Raum nebenan – in meinem Schlafzimmer – spielt Gabis vierjährige Tochter Vincenza. Vielleicht wird sie sich einmal an das Ticken meiner Uhr erinnern – an ihre

Vincenza mit Ruedeli: gleich zwei Wirbel-winde

Kinderzeit, so wie ich mich heute erinnere. Vincenza ist ein kleiner aufgeweckter Wirbelwind mit dunklem Haar, dunklen Augen und der drolligsten Himmelfahrtsnase, die man sich vorstellen kann.

O Schreck, da schreibe ich von «Wirbelwind», von aufgeweckt – und in meinem Schlafzimmer ist es mäuschenst ...

Na ja, das eilige Nachsehen hat sich gelohnt. Während ich da Besinnliches zu Papier brachte, hat Vincenza erst ein altes Kochbuch in viele Schnipsel zerschnitten und dann die Zeiger meiner Weckeruhr so gebogen, daß sie jetzt im rechten Winkel vom Zifferblatt abstehen. «Um zu sehen, wie komisch die sich jetzt drehen ...» Berichte ich diese Untaten Gabi, dann wird sie bei ihrer Tochter erzieherische Maßnahmen ergreifen – und unser Haus wird von Protestgeschrei erschüttert. Berichte ich es ihr nicht, wird Vincenza vielleicht morgen einen anderen Streich aushecken. Ich beschließe, Gabi doch nichts zu sagen. Vincenza hat mich mit einem Augenaufschlag angeguckt, der es

Was uns auf Kreta am meisten entzückte, haben wir zuhause auch: Esel, Schafe, Thymian, eine wilde Landschaft

nicht zuläßt, daß ich petze ... Ich stelle sie – energisch, bilde ich mir ein – vor die Türe und setze mich wiederum an meinen Schreibtisch.

Auf ihm türmen sich Berge von Briefen, die darauf warten, beantwortet zu werden. Der älteste Brief, auf blaues Papier getippt, datiert vom neunten November neunzehnhunderteinundachtzig. Er ist zweimal in der Vorweihnachtszeit ein paar Wochen lang mit mir durch die Schweiz gereist. Ich nahm ihn letztes und vorletztes Jahr mit auf meine Signierreisen in der irrigen Annahme, dann irgendwann Zeit und Muße genug zu haben, um ihn zu beantworten. Aber so viele Fragen stehen drin, daß es ein Buch bräuchte, um auf alle einzugehen.

Am einfachsten wäre es wohl gewesen, die Schreiberin zu mir einzuladen. Aber im Brief heißt es ausdrücklich, daß sie nie – aber gar nie – von zu Hause weggeht. Ganz einfach, weil es ihr dort, wo sie wohnt, gefällt. Und diesem Gedanken kann ich nur beipflichten. Ich gehe nämlich auch nur weg, wenn ich muß. Müßte

ich in die Ferien, dann käme ich am liebsten hierher.

Ich denke hier besonders an jene Woche, die Susi, Heidi und ich vor zwei Jahren auf Kreta verbrachten. Das, was uns am meisten entzückte, haben wir zu Hause auch: Esel, Schafe, eine wilde Landschaft. Bei uns ist's der grüne Fluß, dort war's das blaue Meer. Der kretische Thymian duftet etwas anders als der Feldthymian, der hier überall seine rosaroten Kissen ausbreitet. Aber Thymian ist's alleweil. Ein paar Kochrezepte haben wir außerdem heimgebracht – von Speisen, die hier genausogut wie dort schmecken ...

So wird denn aus diesem Buch so etwas wie ein sehr kunterbunter Bericht, *wer* so während eines Jahres zu uns kommt, *was* wir während eines Jahres tun und denken und *wie* wir kochen, backen, gärtnern, unsere Tiere halten, unsere Gesundheit (und – hm – unsere Schönheit) pflegen. Nicht nur ein Bericht für jene Leserin. Auch an alle jene, die sich für unser Leben interessieren, die von einer ähnlichen Art zu leben träumen, die uns ihre Sympathie auf mannigfaltige Art zeigen – und die ganz viel ganz Einfaches und ganz Praktisches wissen wollen. So Einfaches, daß es manchem aus dem Gedächtnis entschwunden ist, der sich aber bei der Lektüre plötzlich wieder erinnern wird, daß ja seine Mutter das auch so gemacht hat.

Wir haben für dieses Buch die Form eines Ganges durch die Jahreszeiten gewählt. Wenn ich hier sage «wir», dann meine ich die Mitarbeiter des Verlages, der es herausgibt.

Mir scheint es notwendig, auch zu berichten, wie das vorliegende Buch entstanden ist.

Da waren also die vielen Briefe mit den vielen Fragen. Da sind einerseits meine Kenntnisse, die ich mir in den letzten zwölf Jahren, die ich hier im Tessin verbracht habe, angeeignet habe. Anderseits sind da auch Erinnerungen an meine Kindheit, daran, wie meine Eltern und meine Großmutter mich unterwiesen haben, und dazu kommen viele Anregungen, die ich von allen Seiten – vor allem von vielen Großmüttern bekommen habe.

Dann ging's an die Sichtung des schon vorhandenen Fotomaterials. So wie die Dinge heute liegen, nein, genauer die Bilder, die auf einem Stapel neben den unbeantworteten Leserbriefen liegen, ließe sich bereits mehr als nur ein Buch schreiben und illustrieren, und doch hoffe ich, daß es gelingt, zum Beispiel Vincenzas Porträt auch nachträglich aufzunehmen.

Wort und Bild miteinander zu einem Buch vereinen, ist für mich wohl auch Arbeit, aber verbunden mit einem Riesenspaß. Möglicherweise kommt der Spaß auch daher, daß ein solches Buch schließlich eine Gemeinschaftsarbeit ist. Ein reines Textbuch zu schreiben, ist meine alleinige Arbeit – sozusagen mein Kind – aber ohne Vater und ohne Paten. Susi schreibt mit nie erlahmendem Eifer die Manuskripte ab. Ihr könnte man – um beim Vergleich zu bleiben – den Posten einer Kinderschwester zuweisen. (Hoffentlich ist sie damit einverstanden?) (Anmerkung von

Susi: Sie ist. Die Tipp-Ex sind die Windeln!) Dieses Buch aber ist ein Kind mit vielen, vielen Onkeln, Tanten, Paten. Und ihnen allen einmal ganz offiziell und ganz herzlich für ihre Gedanken- und Fotobeiträge zu danken, sei mir hier gestattet.

Und der Vater des Buches? Ja, da kann man zwar schmunzeln und seltsame Hintergedankengänge wandeln – Vater des Buches sind all jene Leserinnen und Leser, die mit ihren Briefen, Fragen und Anregungen die Initialzündung dazu gaben.

Kommen Sie also mit auf unsern Gang durchs Jahr, durch lauter schöne Jahreszeiten! Gleich vorneweg möchte ich betonen, daß sie nicht immer nur schön sind, daß ich oft unwahrscheinlich großen Schwierigkeiten aller Art gegenüberstehe. Wo diese Schwierigkeiten persönlicher Art sind, lasse ich sie hier bewußt beiseite. Jeder Mensch hat andere Probleme. Meine hier auszubreiten, wäre falsch. Denn mit meinem Buch will ich Positives in die Hände des Lesers legen. Wenn er es schließlich zuklappt, soll er das Gefühl haben, der Gang durch ein Jahr wie das unsere sei schön. Es sei ein Jahr gewesen, das zu leben sich gelohnt hat.

Frühling

◄ *Hier wurde zur Abwechslung der Fotograf fotografiert …*

Wann beginnt ein Jahr?

Wann geht ein Jahr zu Ende?

Natürlich beginnt unser Kalenderjahr mit dem 1. Januar, das kirchliche mit dem ersten Adventssonntag. Natürlich beginnt der astrologische Kalender mit dem Zeichen des Widders, also gegen Ende März. Sollten wir uns also über den genau richtigen Zeitpunkt des Beginns streiten?

Ein Jahr, gleichgültig, wann es anfängt, fließt ins andere.

Aber eigenartig: Schon als kleines Kind hatte ich immer das Gefühl, der Beginn, der Anfang eines Jahres sei im März. Vielleicht ist's, weil ich im März geboren bin; wahrscheinlich hängt es auch damit zusammen, daß im März das in der Luft liegt, was die Poeten das Frühlingsahnen nennen. Die Tage werden merklich länger, die Sonne scheint so warm, daß es mich aus dem Haus lockt. Da, wo ich meine Kinderjahre verbrachte, waren die Soldanellen so vorwitzig, daß sie ihre Blüten und Blättchen durch den Schnee ins Licht streckten.

Und während ich diese Zeilen schreibe, fällt es mir plötzlich ein, daß ich seit vielen, vielen Jahren keine Soldanellen mehr gesehen habe. Jene lilafarbenen Glöckchen mit den gefransten Blütenrändern, die den Frühling einläuteten, wie mir mein Vater erklärte.

Soldanellen lieben offenbar den Boden hier nicht. Deshalb gehören sie für mich nur zum Frühling meiner Kindheit. Auch den Huflattich habe ich hier noch nie gesehen, dafür aber hier wie dort die weißen und blauen Krokusse.

Im März gluckste in meiner Kinderheimat das Schneewasser in den Regentraufen. Im März hörte ich zum ersten Mal den Bach wieder rauschen, der, unter der meterhohen Schneedecke begraben, vom Winter zum Schweigen gebracht worden war.

Zum März gehörte das Tschilpen der Spatzen, die noch lebhafter als sonst sich um die Pferdeäpfel stritten, Schellengeklingel unseres Pferdes, Knirschen der Schlittenkufen im Schnee zuerst, Rollen der Kutschenräder später.

Je mehr ich nun über den März nachdenke, desto mehr Kindheitserinnerungen werden in mir wach.

Dort, wo ich meine ersten glücklichen Kinderjahre verbrachte, in einem Bündner Bergdorf nämlich, war der März noch sehr ein Wintermonat. Die Zeit, da ich die Skihosen mit einem Kleid und Strümpfen vertauschen durfte, war noch weit. Und jene gar, da ich anstelle der Strümpfe Kniesokken anziehen durfte, war noch unendlich viel weiter.

Die kam erst, wenn kein, aber wirklich kein einziger Schneefleck mehr auf den Bergen lag.

Aber das Ahnen, das Wissen, daß der Frühling im Anmarsch war, das kam im März. Auch wenn ich wußte, daß es noch etliche Male wieder schneien und der Schnee die Soldanellen und die Krokusse wieder zudecken würde.

Und jetzt?

Nun bin ich etwas über fünfzig Jahre alt. Wohne nicht mehr im Bündner, dafür im Tessiner Bergdorf. Ich habe das Stadtleben kennengelernt. In der Stadtschule wurde ich ausgelacht, weil ich einen Bergler-Dialekt sprach. Und gerade deshalb spreche ich diesen Dialekt immer noch. Ich paßte mich sonst dem Stadtleben an. Fast dreißig Jahre lang. Die Gefühle für die einzelnen Jahreszeiten wurden zugeschüttet, wie der Bach meiner Jugendzeit vom Schnee. Aber unter dem Schnee, da floß er weiter. Und eines Tages brach die Schneedecke, der Bach rauschte wieder. Die Erinnerungen ans Leben auf dem Lande wurden bunter und bunter. Erst zog es mich bloß an Wochenenden und Ferien in die Berge – und eines Tages sagte ich der Stadt Adieu – oder Ciao.

Im nächsten Monat neunzehnhundertdreiundachtzig, also im April, wird es zwölf Jahre her sein, daß ich mich entschloß, zum Landleben zurückzukehren. Bereut habe ich es noch keinen Bruchteil einer Sekunde.

Landleben heißt leben mit den Jahreszeiten. Besonders wenn man es so macht wie wir. Unser Grundsatz ist es, alles was

Was sich doch mit Wolle alles machen läßt?
Sogar ein Foto, das aussieht wie ein altes hol-
ländisches Gemälde!

man selbst machen kann, selbst zu tun. Gleichgültig, ob es sich nun um den Anbau von Salat oder die Herstellung von einem Paar Strümpfen handelt. Was man dabei nicht tun darf, ist der Blick auf die Uhr – auf den Stundenlohn.

... besonders wenn man es so macht wie wir...

Wer sind «wir»?

Im letzten Dezember war es fünf Jahre her, daß Susi – damals zweiundzwanzigjährig – «für drei Monate» zu mir kam – und dann hierblieb.

Susi und ich, wir sind sozusagen der «harte Kern» der Gruppe. Wieviele andere für ein Vierteljahr oder länger zu uns gekommen sind, weiß ich gar nicht mehr zu zählen. Ein paar sind enttäuscht wieder davongezogen, weil sie sich unser «einfaches Leben» viel zu einfach vorgestellt hatten.

Das zweite «einfach» darf man auf ganz verschiedenartige Weise deuten.

«Einfach» heißt für meinen Begriff «ohne Luxus».

Es heißt aber nicht, daß man weder elektrischen Strom noch Maschinen benützen darf, die einem doch manuelle Arbeit abnehmen und deshalb mehr Zeit für Kreatives lassen.

«Einfach» heißt aber auch «leicht – ohne Anstrengung».

Und auf diese Art verstanden ist unser Leben alles andere als einfach. Wer nicht mit dem Kopf arbeitet – auch wenn er simpelste Arbeiten ausführt, dem kann das Leben hier recht schwer werden. Scheuklappen vor den Augen darf man nicht haben.

«Kopf muß denken!»

Wie oft fällt mir jene Bemerkung von Antonio, einem meiner guten Freunde, einem Bauarbeiter aus den Abruzzen ein, mit dem ich zu Beginn meiner Tessiner Zeit zusammenarbeitete.

In unserm Fall ist es zum Beispiel so, daß der Mensch mit dem Kopf, der vergaß zu denken, vor allem seine Füße über Gebühr gebrauchen muß.

Heute, da wir in einem Haus wohnen, in dem jeder Bewohner sein Revier für sich

hat und wo es genügend große Arbeits-
und Gemeinschaftsräume gibt, ist unser
aller Leben wohl einfacher geworden, als
es im früheren, winzig kleinen, kaum zu
heizenden Haus war. Hier trifft nun das
Wort «einfach – ohne viel Anstrengung»
für viele Dinge des täglichen Lebens auch
bei uns wieder zu. Die Wonne, die mich
durchströmte, als wir unser Kaminfeuer
zum ersten Mal entzündeten (und das
Feuer brannte, ohne ein bißchen zu rau-
chen!) – jene Wonne und diejenige, als die
durch einen Holzkochherd gespeiste Fuß-
bodenheizung zum ersten Mal funktionierte, die kann mir nur Susi nachfühlen.
Kein einziges Mal setze ich mich abends
ans Kaminfeuer, stehe ich am Morgen auf,
ohne an die zwölf harten Jahre ohne diesen
Komfort zu denken. Genauso wie ich war-
mes Wasser oder überhaupt Wasser, das
aus dem Hahn fließt, genieße. Denn auch
dies hatte ich während einiger Zeit nicht.
Zu wissen, daß ich es nicht nur ohne Luxus,
sondern auch ohne Komfort schaffte, gibt
mir eine gewisse Unabhängigkeit.

*Saatrillen zieht man von Osten nach Westen,
damit die Pflänzchen einander nicht im Licht
stehen*

«Aber du bist ja schließlich nicht mehr die
Jüngste.»

So argumentiert unsere Freundin Emilia,
unsere Nachbarin. Sie war besorgt um Susi
und um mich. Weil wir so primitiv lebten.
Und nun ist Emilia beruhigt. Hie und da
kommt sie bei uns vorbei, tritt ins Wohnzimmer, nicht ohne ihre Gummistiefel vor
dem Haus abgestreift zu haben («ich
komme schließlich von den Schafen»),
setzt sich auf einen Stuhl.

«Jetzt bin ich beruhigt – bei euch ist's
beinahe so warm wie bei uns.»

Und dann schwatzen wir miteinander.
Reden von den vergangenen Zeiten, jenen,
die für sie und für mich schwer waren –
und noch viel mehr von jenen, die für sie
und für mich schön waren.

Schließlich begleite ich Emilia vors Haus.
Der Schnee ist vom Dach unseres Treib-
beetes weggeschmolzen. Emilia hebt es
hoch. Theres hat im Herbst, als ich schon
auf meiner Bücherunterschreibreise war,
Schnittmangold angesät. Die Blättchen
sind so groß wie ein halber Fingernagel.

«Aber nein», sagt Emilia. «Wer kann auch etwas so grundfalsch machen.» Ich schaue einen Moment ins Beet. Dann weiß ich, was sie meint. Emilia schüttelt den Kopf. «Leute, die nicht immer auf dem Land gewohnt haben, verstehen die allereinfachsten Dinge nicht! Saatrillen zieht man doch von Osten nach Westen und nicht von Norden nach Süden. Schau – so wie hier, da steht doch ein Pflänzchen dem andern im Licht!»

«Kopf kann nie genug denken», denkt mein Kopf.

*

März. Zum März gehörte und gehört die Fastenzeit. Zu meinen Kindheitserinnerungen gehören also auch die Erinnerungen an Fastenzeiten – und die Erinnerungen an die Seufzer unserer Köchin. Sie hieß Monika und kam aus dem Bayrischen. Während der Fastenzeit kochte sie nicht nur das reguläre Menü für unsere Hotelgäste, sondern auch noch die Fastenspeisen, wie sie meine Großmutter wünschte. Ich habe sie zwar im Verdacht, sie wünschte sie nicht aus religiösen Gründen, sondern weil Monika sie ganz vortrefflich zu kochen wußte.

Man kann auch mit Fastenspeisen schlemmen!

Diese Tatsache ist mir auch im Tessin wieder bewußt geworden. Antonios Frau, die Silvana, hatte mich an einem Sonntag im März zum Mittagessen eingeladen. Es gab Frittata e porri und schmeckte köstlich.

«So sehr kommt es gar nicht darauf an, was man kocht», sagte Silvana. «Wie man es kocht, das ist wichtig.»

«Du tust es mit Liebe», sagte Antonio und schaute seine Silvana stolz an.

«Weil Liebe halt durch den Magen geht, caro mio», konterte Silvana. Sie blickte zärtlich auf ihren Antonio.

Während meiner drei Jahrzehnte in Basel lernte ich ebenfalls eine Fastenspeise kennen, die für mich eher als Delikatesse gilt: die Fastenwähe. Eine «Wähe» (in Basel sagt man Waje) ist eigentlich ein Frucht-,

Käse- oder Gemüsekuchen. Die Basler Faschtewaje ist aber eine Art Brezel. Sie muß frisch gegessen werden. Da der Postversand von Basel ins Tessin zu lange dauert, habe ich mir von einer Basler Großmutter das Faschtewaje-Rezept geben lassen. Im Rezeptteil steht es, mitsamt den übrigen vorerwähnten «Fasten»-Genüssen.

Soll ich ein schlechtes Gewissen haben, weil ich mit wäßrigem Mund von Fastenspeisen schreibe? Ich denke an Silvanas Bemerkung, daß es aufs Wie ankommt, nicht aufs Was!

Mit Fasten im heutigen Sinn hat wohl einzig Silvanas Rezept etwas zu tun. Wieviele Kalorien genau die einzelnen Speisen enthalten, wage ich nicht anzugeben.

In letzter Zeit beschäftige ich mich sehr mit Kalorien und also auch mit Kalorientabellen und stelle dabei fest, daß diese von Autor zu Autor etwas verschieden sind. Aber eben – Fasten, so wie wir es heute im allgemeinen verstehen, Fasten, um an Körpergewicht zu verlieren (oder auch um

Selbstgebackene Basler Faschtewaje, unser Stolz

24

eine Krankheit zu kurieren), ist etwas anderes. Fasten, um schlank zu werden, ist momentan bei uns *das* Gesprächs- und Kochthema. Es begann damit, daß Susi seufzend feststellte, sie sei aufgegangen wie ein Ofenküchlein. Auch ich fand in letzter Zeit, meine Kleider seien mir eng geworden. Wir kauften uns eine Personenwaage. Ich stellte mich darauf. Du lieber Schreck! Da mußte sofort etwas unternommen werden. Wie kam denn das?

Das sind jetzt also die Folgen unseres «normalen» Hauses. In dem es uns so wohl ist, daß wir es am liebsten nicht mehr verlassen möchten. Natürlich sind da unsere Tiere, die versorgt werden müssen. Es gab Heu zu transportieren. Gemessen an der Bewegung, die wir speziell in den warmen Jahreszeiten haben, ist's aber jetzt wenig. Keine Gartenarbeit, kein Gang zur Weide. – Und während der Bauzeit kochten wir ja auch für unsere Bauarbeiter. Damals kalorienarme Speisen aufzutischen, wäre verfehlt gewesen.

Was lag nun näher, als Kräuterbücher zu konsultieren. Aber gegen zuviel Gewicht ist offenbar kein Kräutlein gewachsen, es sei denn, man zähle diejenigen, die den Körper entwässern, dazu.

Also fasten? Nein. Essen ist doch soo etwas Schönes. Aber kalorienarm kochen. Das wäre zugleich ein Ansporn, neue Rezepte zu erfinden. Susi lachte mich aus, als sie sah, daß ich wieder einmal damit beschäftigt war, eine Liste zu erstellen. Ich notierte mir kalorienarme Gemüse: Blumenkohl, grüne Bohnen, Broccoli, Gurken, Kefen, Rosenkohl, Sauerkraut, Schwarzwurzeln, Selleriestangen, Spargel, Spinat, Tomaten, Weißkohl, Wirsing, Zucchetti, Zwiebeln.

Dann kalorienarme Fische: Felchen, Flundern, Forellen, Kabeljau, Karpfen.

Kalorienarmes Fleisch: Hühner- und Kaninchenfleisch und -leber, Lammfleisch, Trutenfleisch. Lauter Fleisch, das wir selbst haben!

Und die Salate?

Hier meine Liste: Brunnenkresse, Chicorée, Gurken, Kopfsalat, Löwenzahn,

Sauerampfer, Tomaten. Auch hier wieder: lauter Zutaten, die wir selbst anpflanzen können. Sogar Brüsseler Chicorée, obwohl wir noch nicht so weit sind, daß die Zapfen so schön aussehen wie diejenigen, die man kaufen kann.

Meist gegen Ende März beginnt die Gartenarbeit. Jene Tätigkeit, die des einen Herz höher schlagen läßt («Wenn doch bald der Schnee weg wäre!») und dem andern kalte Schauer über den Rücken jagt. («Oh, daß der Schnee doch noch lange liegen bleibe, damit wir noch lange nichts im Garten zu tun haben!») Von all den vielen jungen Leuten, die bei mir waren, hat einzig Heidi meine Gartenleidenschaft geteilt. Während des ganzen langen Sommers unserer Umbauzeit hat sie so fleißig gesät, pikiert, gepflanzt, gedüngt, gejätet, daß wir von Juni bis Ende Oktober kaum je Salat, Gemüse oder Früchte kaufen mußten, obwohl wir bis zu sechzehn Personen am Tisch waren.

Die schönsten Kohlköpfe ließ sie im Spätherbst stehen, weil das Wetter noch warm war – über hundert Stück waren es. Jemand ließ das Gartentor offen, Gualtieros Schafe kamen herein und fraßen Heidis Kohl ratzekahl weg. Ach Heidi, du tust mir jetzt noch leid. Ich habe auch deine Wut verstanden. Und alle andern haben dich bloß ausgelacht!

Vielleicht verstand ich Heidis Wut auch so gut, weil mir ähnliches widerfuhr: Wir haben vor dem Haus eine Art Vorgarten. Die Erde ist zwar steinig. Aber der Feuerdorn blüht drin, ein Pfeifenstrauch, Bergenien, Rittersporn, Nelkenwurz, Phlox, Winterling, Schneeglöckchen, Primeln, Eisenhut, Seidelbast, Tradeskantien, Lilien, Läusekraut ... Lauter Blumen, die ich von da und dort und überallher geschenkt bekam, und die ich zum Teil seit dem ersten Jahr meines Hierseins hegte.

Vorletztes Jahr war es, als sich ein junges Mädchen bei mir meldete und bat, den ihr von der Schule vorgeschriebenen Landdienst von einer Woche bei mir absolvieren zu dürfen. Eines Tages trug ich ihr auf, in eben jenem Vorgarten die Brennesseln, aber nichts anderes als die Brennesseln, zu entfernen. Ohne Böses zu ahnen, ging ich weg. Als ich heimkam, schaute mein Gärtlein zwar wie geschleckt aus. Der Pfeifenstrauch und der Feuerdorn standen inmitten sauber gehackter Erde. Auf dem Komposthaufen fand ich die Wurzeln und Knollen meiner Lieblinge. Und mein Landdienstmädchen begriff es nicht, weshalb ich ihre Jätarbeit nicht lobte. Seitdem kommt niemand mehr zu uns, der nicht mindestens drei Monate bleiben will. Jäten dürfen ist eine Vertrauensarbeit, die aber doch kaum jemand schätzt. Und ich traure Marias Bergenien und Hannis Tradeskantien immer noch nach.

Ich lernte wenigstens daraus, daß man nicht genau genug betonen kann, was gejätet werden soll, wenn einer sich an diese Arbeit macht, der nichts davon versteht.

Man soll auch nie jemanden mit einer Schere versehen und ihn beauftragen, Sonnenblumen zu schneiden. Es sei denn, man gebe ihm gleich die Vase mit, in die er den Strauß stellen soll. Sonst kann es nämlich geschehen, daß jener Beauftragte, wie letztes Jahr Susi, hingeht und einfach ratzekahl alle Sonnenblumen bodeneben abschneidet. Auch rumpelstilzchenartige Wutanfälle helfen dann nichts! Gäll Susi! Aber jetzt liegt noch Schnee auf den Feldern, und ich kann höchstens in meinen Gartenbüchern nachlesen, was man sollte und was man dürfte, wenn man könnte. Etwas kann man. Wenn «man» ich ist, dann erstelle ich Listen. Pflanzenlisten. Wir machen bloß noch Mischbeete. Und im Herbst werden wir unser erstes Hügelbeet anlegen. Ich sehe jetzt schon Emilia, die ihren Kopf schüttelt über unsere neumodische Gärtnerei. Natürlich werden wir die Saatrillen dann so anlegen, daß die Pflänzchen einander nicht im Licht stehen. Nicht nur den Pflanzen, auch Emilia zuliebe ...

*

Bald ist Ostern. Wie soll man denn österlich gestimmt sein, wie soll man denn an Ostermenüs, an Wildsalat, an erste kleine

Blumensträuße denken, wenn's draußen
kalt ist wie im Dezember? Natürlich ist es
falsch, solchen witterungsbedingten Um-
ständen der Jahreszeit zu viel Beachtung
zu schenken. Aber zu einer richtigen
Weihnacht gehört Schnee und zu richtigen
Ostern gehören Schneeglöckchen und ein
bißchen Moos oder Gras fürs Osternest.
Falls also weder Moos noch Gras vorhanden sind, um die Ostereier aufzunehmen,
kann man doch ein grünes Osternest vor-
bereiten, wie meine Mutter es für mich an
Ostern tat. Sie säte anderthalb Wochen
vorher in einer großen Teigschüssel, unten
gefüllt mit Kieselsteinen, obendrauf Gartenerde, Kressesamen an. Und ich hatte
mein grünes Osternest – auch wenn es
draußen stürmte und schneite. Ich weiß
noch, wie überzeugt ich beim ersten Mal,
als ich dieses Nest hinter einem Vorhang
entdeckte, behauptete, den Osterhasen
eben noch gesehen zu haben, wie er um die
Hausecke verschwand!
Um Ostern und Weihnachten, diese hohen
christlichen Feiertage, liegen unzählige

28

Fesseln von Tradition und Brauchtum, die einen den Ursprung beinahe vergessen lassen. Man mag anderer Meinung sein, aber ich liebe diese Gedankenverbindungen von Kindheitserinnerungen zu bestimmten Jahreszeiten und Festen. «Meine Mutter hat an Weihnachten ...», «meine Großmutter kochte in der Karwoche immer ...»
Gleichzeitig merke ich, wieviel Geborgenheitsgefühle mir damals diese häuslichen Traditionen vermittelten. Die gaben mir eine Sicherheit, die mich später die Lebensstürme gefestigter ertragen ließ.

*

Ein paar Tage lang war ich krank. Wahrscheinlich habe ich das Virus irgendwo aufgelesen. Da ist ein Husten. Ein steinharter Husten. Und ich fürchte mich so vor jener verhockten Bronchitis, die dann nicht mehr weichen will. Emilia merkte es natürlich gleich. Sie streifte ihre Gummistiefel vor dem Wohnzimmer ab, kam zu mir ins Schlafzimmer, schaute mich mit ihren hellen, wachen Augen an, rückte ihr Kopftuch zurecht.
«Permesso?» sagte sie, studierte die Medikamente, die auf dem Nachttisch lagen.
«Hustenlösende Kapseln. Richtig. Hustensirup. Der da ist falsch. Da müßte einer her, in dem irgend ein ... illin oder ... yzin drin ist. Die sind viel wirksamer.» Sie deutet auf die Teekanne: «Was ist da drin?»
«Lindenblütentee.»
«Richtig», sagt die Frau Doktor Emilia.
«Und was ißt du so?»
«Oh, nicht viel. Mag nicht.»
«Hühnerbouillon!» verordnet Emilia, «und zum Mittagessen ein Kalbsplätzchen ...»
«Ja, weißt du, das haben wir halt nicht.»
«Das darfst du nie sagen», rügt Emilia. «Wir haben für Krankheitsfälle immer ein paar einzeln eingefrorene Kalbsplätzchen im Tiefkühler – und davon könnt ihr bei Bedarf jederzeit haben.» Sie sagt's, wünscht gute Besserung – geht, und am andern Tag kommt sie und bringt mir ein

schönes, großes, ordentlich eingewickeltes tiefgekühltes Kalbsplätzchen. Und dazu ein Säckchen mit Kräuter-Hustenbonbons. Ach, Emilia, was gäbe ich dafür, zu wissen, was ich für dich in meinem Tiefkühlschrank bereithalten kann. Schon nur deshalb, um dir jenes gute Gefühl, liebe Nachbarn zu haben, gebührend zurückzugeben. So tief wie ich in deiner Schuld bin, kann ich dir nie zurückzahlen, was du mit deiner Fürsorge für uns tust!

Seltsam, daß auch diese Schuldgefühle mir Geborgenheit vermitteln, Geborgenheitsgefühle, die beinahe so stark sind wie diejenigen einer geborgenen Kindheit.

Wenn ich heute jemandem etwas ganz, ganz Gutes wünschen darf, dann ist es eine Nachbarin, wie Emilia sie ist.

*

Mehr als ein Jahrzehnt wohne ich nun hier im lichten Haselwald, in dem verstreut auch Birken, Lärchen, Weiden, Buchen, Walnuß- und Kirschbäume stehen.

Auch wenn ich noch zehn Jahrzehnte hier bleiben dürfte: Nie, aber gar nie würde meine Freude, in der Gemeinschaft mit all diesen Bäumen zu wohnen, auch nur im geringsten abflachen.

Schön sind sie zu allen Jahreszeiten. Hie und da aber gibt es Momente, wo ich bewundernd einfach stehe und schaue!

Letzten Montag – Ostermontag – war das zum Beispiel so. Grüne Weihnachten zuvor hatten uns nun weiße Ostern gebracht. Die schönsten Schneebilder in diesem Buch sind also im Frühjahr entstanden, denn an jenem Morgen lagen gut zehn Zentimeter Neuschnee. Der Himmel aber war zartblau, und die Sonne warf ihre Strahlen erst zögernd, dann immer liebkosender über die Pracht der Bäume.

Die Buche – ich sehe sie vom Küchenfenster aus – hob sich wie eine japanische Zeichnung vom Himmel und den Bergen ab. Ihre Äste bogen sich graziös unter der Last des Schnees. Die beiden Birken schienen wie im Reigen erstarrte Tänzerinnen. Meine beiden ganz, ganz großen Freunde,

der Nußbaum im Hof und die Lärche beim Garten waren überpudert mit (dem letzten?) Schnee. Ein paar Meisen turnten an ihnen herum.

Ganz zu Beginn meines Hierseins, als das Haus noch nicht mir gehörte, waren beide Bäume bedroht. Ein Nußbaum so nahe beim Haus ziehe die Feuchtigkeit und das Ungeziefer an, müsse also gefällt werden. Das «Ungeziefer», das der Nußbaum anzog, waren die Siebenschläfer. Das Ungeziefer aber, das der Nußbaum vertreibt, sind die Mücken. Und die Feuchtigkeit? Mir scheint auch dieses Argument noch lange nicht stichhaltig genug zu sein, um einen Baum zu fällen, der im Sommer Schatten spendet, im Herbst Frucht trägt, im Winter die Sonne durchläßt, im Frühling die knospenden Äste sozusagen als Gutenmorgengruß bis beinahe zur Haustüre streckt.

Bei der Lärche argumentierte Odivio so, daß man sie fällen müsse, bevor ihr Holz morsch und unbrauchbar geworden sei. Wegen der Lärche habe ich damals jenes

*Unter dem Nußbaum sitzen, den Rücken an
den Stamm lehnen, eine Katze streicheln ...*

Landstückchen gekauft. Ein Kauf, der sich sehr lohnte, denn neben dem Baum war damals ein stattlicher Felsblock. Die ganzen Umfassungsmauern des Hofs konnten aus diesem Felsen gebaut werden. Ein Steinhauer zerteilte ihn in mauergerechte Stücke – und die Arbeit mit dem Transport fiel dadurch weg. Dort, wo der Fels war, haben wir nun einen zwar winzig kleinen, aber doch ertragreichen Gemüsegarten. Alles wegen der Lärche!

Ich weiß es: Fällt einer dieser Bäume, dann wird auch ein Teil meines Ichs fallen. Mag man mich meinetwegen auslachen und den Kopf über diese Idee schütteln: Viel von meiner Kraft und Ausdauer verdanke ich diesen Bäumen. Sie anzusehen, ihre Rinde zu berühren, an ihnen emporzuschauen, meinen Rücken an ihren Stamm zu lehnen: das ist auch eine Art des Betens! Wir dürfen in ihrer Gesellschaft wohnen – zu allen Jahreszeiten. Die Macht ihrer Kraft schütze uns vor allen, die uns beneiden. Wir sind beneidenswert! Aber wir versuchen, unsere Dankbarkeit zu beweisen.

Die Brennessel, Nahrung und Medizin, wächst
vor der Haustür

«Würde sie nicht überall wuchern, wo man sie nicht haben will, müßte man sie anpflanzen. Und mit Gold aufgewogen, wäre sie diesen Preis wert.»

«Sie gleicht einem ‹ruchen Cholderi›, einem Mann mit grimmigem Gebaren, aber mit hilfreichem Herzen.»

Ersteres sagte meine Großmutter, letzteres der Kräuterpfarrer Johann Künzle.

Beide sprachen von der gleichen Pflanze. Künzle fährt fort: «Sie ist wohl das einzige Kraut, das allen Leuten bekannt ist, denn ihr ‹Händedruck› ist unvergeßlich. Warum hat der liebe Gott dieser Pflanze das Feuer gegeben? Als Schutz gegen die Ausrottung, denn die Geschmacks- und Nährstoffe dieser Pflanze sind bei den Tieren von der Schmetterlingslarve bis zur Kuh geschätzt wie bei den Menschen die süße Nidel, und sie wäre schon lange mit Wurzel und Stiel ausgerottet, wenn nicht ihre Brennhaare sie vor der unvernünftigen Naschhaftigkeit schützen würden.»

Je mehr ich mich mit der Brennessel beschäftige, um so mehr fasziniert sie mich.

Den ersten Brennesselspinat haben wir schon gegessen. Wenn ich die Brennessel nicht im Bachtobel neben dem Haus haufenweise pflücken könnte, ich nähme einen weiten Weg in Kauf, um sie zu ernten. Wir sammeln Brennesseln nicht bloß für das erwähnte Gemüse. Bis zum Beginn der Blüte binden wir sie zu Büscheln, die wir im Schatten aufgehängt trocknen lassen. Noch nie hatte ich genug davon und gehe deshalb im Winter geizig damit um. Die Schaf- und Kaninchenmütter bekommen davon zu fressen, weil sie die Milchsekretion anregt. Einen kleinen Vorrat an getrockneter Brennessel halten wir in der Hausapotheke bereit. Es gibt kaum ein besseres Mittel als Brennesseltee, gemischt mit gleichviel Pfefferminze und Kamille, zur Behebung von Verdauungsstörungen. In meiner Brennessel-Lobeshymne gehört es sich auch zu erwähnen, daß die Pflanze bei den alten Germanen dem Gott Donar geweiht war. Früher verbrannte man während eines Gewitters eine Handvoll Nesseln im Herd, um das Haus vor dem Blitzschlag zu schützen. Auch Milch und Bier sollen bei Gewittern nicht sauer werden, wenn man einen Brennesselzweig darauf legt. Moderne Hausfrauen bewahren Milch im Kühlschrank auf und stellen wohl kaum je Bier selbst her. Deshalb ist dieses Rezept beinahe ganz verloren gegangen ...

Es soll mir noch einer kommen und sagen, die Brennessel sei ein Unkraut! Bei mir setzt er sich damit ganz ordentlich in die Nesseln.

Wohl nie werde ich so alt werden, daß ich all die Schätze entdecken kann, die die Natur vor meiner Haustür verborgen hat.

*

Zu unserm Frühling gehören auch die Kurse. Spinn-, Web- und Färbkurse. Adressen von Interessentinnen sammeln wir übers Jahr, haben wir zum Teil noch von früher. Wir wollen von unsern Schülerinnen weder Alter noch Beruf wissen und sind deshalb dann sehr gespannt, wer da nun eintrifft.

Über dreißig Frauen waren dieses Jahr im ganzen hier – und am Schluß des letzten Kurses waren wir alle ein bißchen traurig, daß diese Zeit nun vorbei war. Da war zum Beispiel jener Spinnkurs, an dem fünf Frauen aus dem Baselbiet und aus dem Solothurnischen teilnahmen. Klar, daß wir ihnen das Spinnen beibrachten. Aber was wir von ihnen lernten – nämlich den Dialekt aus dem Schwarzbubenland zu verstehen, hat uns enormen Spaß gemacht. Ist es nicht schön, wenn «es Chingli es Hüngli mit em Hängli am Bängli» führt? Übersetze: Ein Kindchen führt ein Hündchen mit dem Händchen am Bändchen.

In einem der Färbkurse war Jacqueline. In einem früheren Kurs hatte sie bei uns bereits spinnen gelernt. Jacqueline brachte uns endlich den welschen Akzent ins Haus. Drollig war ihr Sprachgemisch aus deutsch und französisch. Jacqueline ist seit Jahren verwitwet, hat in einer öffentlichen Verwaltung auf dem Büro gearbeitet. Vierzehn Tage bevor sie zu uns kam, war sie pensioniert worden. Wir freuten uns auf

So sieht es aus nach einem Färb- und einem
Webkurs!

sie, so wie man sich eben freut, wenn man eine liebe Freundin zu Besuch erwartet.

«J'arrive avec Cannelle et le steck! – Ich komme mit Cannelle und dem Stecken!» Den Stecken braucht Jacqueline zum Wandern. Cannelle ist ihr altes, asthmatisches Spanielhündchen. Nun hatten wir drei Hunde im Haus. Das machte uns unberechtigterweise Sorgen. Cannelle blieb erst brav im Schlafzimmer – später trottete sie ihrem Frauchen nach, legte sich in der Färbküche auf eine Decke. Dreimal täglich machten die beiden eine Runde ums Haus («Cannelle doit aller go bisle»). Als der Kurs beendet war, blieb Jacqueline bei uns. Sie war so begeistert von der Färberei, daß sie für unser Lädeli einfach möglichst viel Wolle färben wollte. Wir probierten neue Rezepte aus und fielen von einem Entzücken ins andere, wenn uns wieder eine besonders schöne Farbe gelang.

«Ça ne donne rien!» behauptete sie, wenn sich die Wolle nicht sofort nach dem Eintauchen ins Färbbad schön färbte.

«Geduld mußt du haben, wart es ab.»

Wir ließen die Wolle eine halbe Stunde lang ganz leise köcheln und dann:

«Mais, viens voir, c'est magnifique, c'est absolument wunderbar.»

Vielleicht wundert sich der Leser und erst recht die Leserin jetzt. Wenn man Wolle mit natürlichen Farbstoffen färbt, muß man sie stundenlang kochen – aber eben, man muß wissen, wie. Und das bringen wir unseren Färbfrauen bei.

Wir haben auch eine Spezialität erfunden: während des Spinnens der Wolle immer wieder ein Seidenflöckchen dazu legen. Das Garn wird dann leicht genoppt. Beim Färben bleibt bei der Seide die Farbe meist etwas heller – und dadurch entstehen interessante, melierte Effekte. Diese Wolle dann zu verweben oder damit zu stricken, das entzückt mich so, daß ich mich beherrschen muß, um meine Freude nicht zu sehr zu zeigen. Ein paarmal schon habe ich aus Susis amüsiertem Blick gelesen, daß sie denkt, ich sei schon ein bißchen verrückt. Stimmt's? (Ja)

In einem Kurs gab es auch Dichterlesungen. Ursi schreibt berndeutsche Geschichten und Hörspiele. Sie brachte ein Buch mit, das sie gemeinsam mit zwei andern Dialektautoren herausgegeben hat. Während die andern fleißig ihre Spinnräder drehten, las sie vor. Mit einer Stimme, mit Gesten, die verrieten, daß sie das Vorlesen vor Publikum gewöhnt ist.

Da war vor allem eine Geschichte dabei, die wir – wie Kinder das Gute-Nacht-Geschichtlein – immer wieder zu hören verlangten und die mit schöner Regelmäßigkeit bewirkte, daß die Spinnräder stehen blieben und wir nur noch Ursi zuhörten und zuschauten. Es ist eine eigentlich ganz banale Geschichte von Herrn Wenger, der im zehnten Stock eines Hochhauses wohnt und eines schönen Morgens im Lift stecken bleibt. Im dritten Stock kann man seinen Kopf auf Kniehöhe sehen, im zweiten Stock kann man die Beine auf Kopfhöhe sehen. Frau Schneider, die Abwartsfrau, tröstet Herrn Wenger während Stunden, daß nun sofort jemand kommt, um ihn aus der mißlichen Lage zu befreien. Die Kinder des ganzen Hauses laufen zusammen, um Herrn Wenger zu besichtigen («der Herr Wänger ga luege»). Schließlich kommt ein Fachmann und läßt Herrn Wenger ganz langsam, von Hand kurbelnd, in den zweiten Stock gleiten.

Das Ganze, in schönem Berndeutsch geschrieben und gelesen, war derart witzig, daß wir heulten vor Lachen. Besonders weil Herrn Wengers Mißgeschick sich am Abend desselben Tages nochmals wiederholte.

Ursis Beispiel hat mich gelehrt, wie schön es ist, eine Geschichte vorgelesen zu bekommen – vorausgesetzt, jemand kann das so gut wie sie. Ein Ansporn für mich! Heute haben wir wieder von unsern Kursen gesprochen – wieviel Schönes und Interessantes wir dabei gelernt und wieviele Freundschaften wir dabei geschlossen haben. Und dabei kamen die Frauen zu uns, um von uns etwas zu lernen.

*

Hiiiilfe! Kein Monat gleicht dem April. Während keiner andern Zeit im Jahr habe

Man sieht es dem Bach gar nicht an, daß er ein Wildbach werden kann

ich derart das Gefühl, drinnen im Haus und draußen auf den Weiden, im Hof und im Keller, im Laden und weiß ich sonst noch wo seien allesamt erstrangig wichtige Arbeiten zu erledigen.

Mein von allen meinen Hausgenossinnen belächeltes System des Listenschreibens versagt – aber bloß im April! Ich bin sonst gewohnt, die Arbeiten nach ihrer Wichtigkeit geordnet aufzuschreiben. Aber wie kann man sie noch ordnen, wenn einfach alle genau gleich wichtig sind? Eine Klassierung läßt sich wenigstens noch machen: Gutwetterarbeiten und Schlechtwetterarbeiten.

Susi behauptet, wenn wir nur die Hälfte von all dem erledigen wollen, was ich mir da vorgenommen habe, dann hätten wir zu tun wie die Mäuse im Kindbett. Also laßt uns Mäuse sein! Heute ist schönes Wetter – und da beginnen wir mit einer Riesenarbeit: Wir machen – das ist zwar gräßlich altmodisch, und ich werde deswegen auch mit einigem Nasenrümpfen bedacht – wir machen Frühjahrsputz!

«Könnte man den nicht auf den Mai verschieben?» mault da jemand.

Im Mai gibt es viel Gartenarbeit, ab Mitte Mai dürfen unsere Schafe nicht mehr frei weiden. Nein, jetzt wird geputzt! Und nicht nur das. Wir wohnen jetzt in einem schönen Haus. Das muß auch unterhalten werden! Unser Haus ist pflegeleicht. Die Fußböden muß man einfach mit Schmierseifenwasser aufnehmen. Aber wenn man zuoberst anfängt und sich da durch alle Räume arbeitet – das gibt zu tun. Besonders wenn Vincenza im Putzschrank das Nähmaschinenöl stibitzt und, ohne daß es jemand merkt, die soeben frisch gefegten Böden mit dekorativen Spritzerchen verziert. – Fauch!

Aber wie kann man mit einem Kind schelten, das doch bloß helfen wollte?

Vincenza wird umgeteilt zur Mannschaft, die die Wiesen und Weiden zu reinigen hat. Dort, wo letztes Jahr wieder der Wildbach herunterkam, liegt immer noch Schwemmholz, auch bei der Talstation der Seilbahn.

Unsere Tiere spüren den Frühling. Der Enterich taucht seine Weibchen so energisch und so lange ins Wasser, daß wir oft befürchten, sie müßten ertrinken. Wer weiß schon, daß Enten sich nur im Wasser paaren?

Und der Truthahn geht mit seinen Hennen so grob um, daß Emilia fand, den Kerl müsse man gesondert von seinen Weibern halten. Aber wenn wir schließlich Küken aufziehen wollen, bleibt wohl nichts anderes übrig, als ihn gewähren zu lassen ...

Emilia ist mit meiner Argumentation nicht einverstanden und geht brummend weg, nicht ohne den Wüstling mit einem strafenden Blick bedacht zu haben.

Emilia hat immer recht. Ich sollte es nun wirklich gelernt haben.

Am Abend steht eine der Hennen blutverschmiert im Hof. Ein mehr als handtellergroßes Stück Haut hängt an ihrer rechten Seite herunter. Das arme Tier!

«Die muß man töten!»

«Aber ich kann das nicht – das solltet ihr doch nachgerade wissen! Susi, mach du's.

Du kannst ja auch deine Forellen töten.»

«Aber das ist doch nicht dasselbe wie eine Trute.»

«Rufe bitte Silvio an!»

Silvio war nicht zu Hause, sonst hätte er uns diesen Gefallen, das verletzte Tier zu töten, sicher getan.

Was nun?

Das Huhn stand mit hängendem Kopf da.

Das Blut tropfte auf den Boden.

Mein inneres Stimmchen verhöhnte mich: «Schöne Bäuerin, die nicht einmal fähig ist, ein armes Tier von seinem Leiden zu erlösen.»

Ich überlegte fieberhaft. Was macht man bei einem Menschen, wenn der sich einen derartigen Fetzen Haut los-, aber nicht abreißt? Man sucht ihn wieder anzunähen.

«Wir bringen das Huhn zum Tierarzt!»

Wir riefen ihn vorsichtshalber an. Aber er war auch nicht zu Hause. Es war wie verhext.

Dann faßte ich den Entschluß, die Henne selbst zu verarzten. Würde ich ihr nur den geringsten Schmerz zufügen, das heißt, wenn sie mit den Augen zuckte oder sich wehrte oder gar schrie («kann eine Trute denn schreien?» wollte das innere Stimmchen wissen), dann würde ich sie töten.

Wir legten Desinfektionsmittel, Wundsalbe, eine ausgeglühte Nähnadel und in Desinfektionsmittel getunkten Faden, Watte und Verbandstoff bereit und – ebenfalls in greifbarer Nähe, den Spaltstock und ein Beil.

Wieviele Stoßgebete habe ich in den letzten Jahren in verzwackten Situationen schon zu allen tierliebenden Heiligen geschickt? Meist haben sie mir geholfen.

Wir desinfizierten die Wunde sorgfältig. Genau so, wie ich das vor vielen Jahren im Samariterkurs gelernt habe. Das Tier schaute mich an. Wachsam aber ruhig. Dann kam die Salbe drauf. Wieder blieb es ruhig. Nun kam noch das, wovor mir am meisten bangte: das Nähen. Ich habe zwar einmal unserm Tierarzt zugesehen, wie er eine Ziege nach einem Kaiserschnitt nähte. Komisches Gefühl, in lebendes Fleisch zu

stechen! Sehr gekonnt war meine Naht schließlich nicht. Aber das Huhn hatte die Prozedur ganz geduldig über sich ergehen lassen.

Nun mußten wir es noch verbinden. Vermutlich gibt es für Tierärzte auch da Kniffe und Kunstgriffe. Vor allem ist es schwer, an einem Huhn den Verbandstoff irgendwie zu fixieren. Er gleitet an den glatten Federn einfach ab.

Vielleicht lacht mich ein Fachmann aus: Ich band den Anfang des Verbandstoffstreifens am Bein des Huhnes fest, fuhr unter dem Flügel durch, über die Brust zum Hals, und auf dem Rücken wurde der Streifen jeweils ordentlich gekreuzt, die Flügel blieben so frei – und das Ende knüpfte ich ans andere Bein. Das Huhn konnte sich so trotzdem bewegen, seine Bedürfnisse verrichten, Eier legen – und die verletzte Seite war doch gut fixiert.

Ich glaube, unser Huhn war mit unserer Behandlung zufrieden. Nach einer Woche war die Wunde verheilt. Es legte seine Eier und brütete seine Küken aus. Eines hatte

▼ *Das Küken war nicht dazu zu bewegen, seine rechte Seite dem Fotografen zuzukehren …*

▶ *Bis zur Niederschrift der Bildlegenden hat sich der Namensstreit gelegt: dies ist nun also der Pfau Hugo. Frau Amanda läßt sich entschuldigen. Sie sitzt auf vier Eiern.*

an der rechten Seite einen schwarzen Fleck …

*

Ein Hahn kräht, eine Lerche tiriliert, ein Huhn gackert, eine Ente schnattert. Gibt es in der deutschen Sprache auch einen genau definierenden Ausdruck für das, was ein Pfau tut, wenn er Töne von sich gibt? Krähen zum Beispiel ginge nicht. Das wäre viel zu profan. Brüllen geht aus dem gleichen Grund auch nicht, obwohl es, an der Lautstärke gemessen absolut berechtigt wäre. Bleiben wir halt beim Schreien.

Unser Pfauenpaar – wir streiten uns immer noch darüber ob sie Hansjakobli und Babettli heißen sollen oder doch lieber Hugo und Amanda – hat bei uns seinen Platz gefunden, weil in zivilisierten Gegenden Pfauen nicht mehr geduldet werden. Sie machen zuviel Lärm! Aber wär's nicht besser, den Lärm über der Schönheit ihrer Formen und Farben zu vergessen? Mich entzückten die grazilen Krönchen, die beide tragen. Mich entzückt der Kontrast der Steine zum Geglitzer des

Gefieders, als ob da inmitten des Waldes jemand einen Edelstein verloren hätte. Daß es ein Edelstein ist, der mich am Morgen zeitig weckt – wie schön, daß es das gibt!

*

Die Hühner legen Eier, die Gänse legen Eier, die Enten legen Eier, die Truten legen Eier ... Bruteier reinigen wir sorgfältig und bewahren sie auf Sand auf. Alice hat die Aufgabe, sie jeden Tag 180 Grad um ihre Längsachse zu drehen. Ein Vogelweibchen macht das ebenfalls, sobald es zu legen beginnt. Daß wir die Eier nicht einfach in den Nestern belassen, hat seinen Grund. Einen Grund, den mir meine

Großmutter beibrachte: Im Nest können die Eier beschmutzt werden. Dadurch kann das Küken nicht mehr atmen und stirbt. Bei Naturbruten schlüpfen nicht alle Küken am selben Tag aus. Es besteht also die Gefahr, daß die Henne mit den geschlüpften Küken das Nest zu lange verläßt – und damit der Rest der Brut abstirbt.

«Ja, und wenn dann die Küken geschlüpft sind, wie geht's dann weiter?»

«Das sage ich euch dann, sobald's soweit ist. Aber dann ist es in unserer Jahreszeitenrechnung schon Sommer. Was ihr aber noch wissen müßt: Jede brütende Henne braucht für sich allein einen vor dem Fuchs geschützten, ruhigen Platz, das Nest so hergerichtet, daß die Eier nicht herauskollern können, untendrin Sand, obendrauf Stroh. Wasservögel sollten auch während der Brutzeit Zugang zum Wasser haben. Wenn ihre Eier nicht ein gewisses Maß an Feuchtigkeit bekommen, entstehen auch da Verluste.

Während der Brutzeit geben wir den Hühnern und Truten bloß Körnerfutter und Wasser, aber kein Grünzeug. Bekämen sie Durchfall, wäre wiederum die Gefahr des Eierverschmutzens.»

«Viel muß man da wissen», seufzt irgend jemand.

«Begreiflich, daß man das Brutgeschäft besser einem vollautomatischen Brutapparat überläßt.»

Ich habe allerdings vor ein paar Jahren noch ein weiteres Hühnerbrüt-System ausprobiert: Ich gab einer Glucke, aus deren Gelege trotz allen Vorsichtsmaßnahmen nur fünf Küken geschlüpft waren, noch fünf beim Händler gekaufte Eintagsküken. Die fremden Küken begriffen sofort, daß sie unter den ausgebreiteten Flügeln der Glucke Wärme fanden – und diese akzeptierte die Zusatzkinder mit denselben warmen Gluckentönen.

Mich freut es immer wieder, wie wißbegierig beinahe alle meine jungen Hausgenossinnen sind, sobald es um die Aufzucht von Jungtieren geht. Schade, daß es hierüber – besonders aber bei der Geflügelzucht – so wenig Literatur gibt!

Sommer

Der Lärchenbaum vor meinem Fenster ist grün geworden. Seine Äste bewegen sich im sanften, warmen Wind wie in grüne Schleier gehüllte Tänzerinnen. Die Uhr tickt. Das Fenster steht offen. Die Begonien im Kistchen recken ihre ersten Blätter der Morgensonne entgegen. Herr Doktor Moses Gröbli sitzt auf dem Steintisch und putzt sich. Herr Doktor Moses Gröbli, auch respektlos bloß Mösli genannt, ist eine Katze. Ich bin sogar versucht, zu sagen, eine Katzenkatze. Er ist weitaus der größte aller unserer Katzen, hat ein langes graugetigertes Fell. Weiß sind Kinn, Hals, Brust und Pfoten. Er ist außerhalb des Hauses so scheu, daß man ihn nicht berühren kann. Und dabei verlockt es jeden, der Katzen gern hat, diesen seidenweichen Pelz, der auf dem Rücken einen hellen Scheitel hat, zu streicheln. Hie und da hat Mösli das plötzliche Verlangen nach Zärtlichkeit. Dann kommt er in meine Schreibstube – und dort darf ich ihn dann berühren, ihm den Kopf kraulen, die Kehle, den Bauch streicheln.

Möslis Fell sollte – wenn man den Ratschlägen von Katzenbücherautoren folgen wollte, täglich gebürstet werden. Wintersüber verkleben sich die feinen Haare zu pflaumengroßen Fellknoten. Aber bürste einer einmal eine Katze, die sich nur gelegentlich anfassen läßt!

Früher hatte ich auf meinem Schreibtisch stets die Schere bereit, um ihm, wenn er mir seinen Zärtlichkeitsbesuch machte, die schlimmsten Klumpen herauszuschneiden. Irgendwo habe ich auch von einer Katze gehört, die jeden Frühling zum Tierarzt gebracht, narkotisiert und dann geschoren wird.

Nachts finden vor unserm Haus oft erbitterte Katzenkämpfe statt. Eines Morgens war Möslis weißes Hemd blutverschmiert. Ausgerechnet dort, wo ich vorher den Fellknoten weggeschnitten hatte, klaffte eine tiefe Wunde. Seither lasse ich Möslis Fell wie es ist. Mitte Mai beginnen die Haare von selbst auszufallen. Es ist schon vorgekommen, daß er seine Winter-Fellflocken ein paar Tage lang hinter sich herschleppte.

Mag einer jetzt den Kopf schütteln, daß unser Mösli nicht nur einen Vor- und einen Nachnamen, sondern sogar noch einen Doktortitel (Dr. Maus fang.) hat. Aber Mösli benimmt sich derart vornehmzurückhaltend, ernst und würdig – und ist gleichzeitig seinen Mitkatzen gegenüber so zuvorkommend und höflich, daß sich der Titel einfach aufgedrängt hat. (Anmerkung von Susi: Sind Doktoren vornehm zurückhaltend, ernst und würdig ...?)

Irgendwann dieser Tage muß unser jüngstes Katzenmitglied seinen ersten Geburtstag haben. Unser Tigi würde dann von Susi eine Spezialportion Forellenleber bekommen. Weil wir aber das Datum nicht wissen, holt er sich diese Katzendelikatesse jedesmal, wenn Susi Fische putzt. Es genügt, daß Susi den roten Fischkessel in der Hand trägt, daß Tigi ihr nachläuft wie ein Hündchen und sich erwartungsvoll beim Ausguß hinsetzt, ihr womöglich noch sein Pfötchen auf den Arm legt.

Leicht hat er's anfänglich bei uns nicht gehabt. Er war schon ein paar Monate alt,

▲ ▶ Jede Katze haben wir am liebsten – natürlich auch den Tigi

als wir ihn bekamen. Eine neue Katze in einen Clan von sechs Katzen zu bringen, ist nicht einfach. Mit kaum der Mutter entwöhnten Katzen freunden sich erwachsene Katzen viel rascher an. Tigi wurde aber – vor allem von unserm Schnurrli – nach allen Regeln der Kunst verhauen. Wir mußten alle Tricks anwenden, daß die beiden sich nie begegneten, wenn wir sie nicht beaufsichtigen konnten. Tigi hat auch jetzt die Gewohnheit beibehalten, in unserm sogenannten «Massenlager» zu schlafen. Da, wo ihn vier Mädchen beschützen können.

Die Reaktion der Katze auf diese unfreundliche Behandlung war, daß aus dem vorher so zärtlichen, anschmiegsamen Katzenkind ein aggressiver, frecher Lausejunge wurde. Er biß und kratzte jeden Menschen und jede Katze, jeden Hund, der sich ihm zu nähern wagte. Wir ließen aber nicht locker, nahmen ihn auf den Arm, streichelten ihn – mit dem Resultat, daß wir zeitweilig alle zerkratzte Hände, manchmal auch zerkratzte Nasen hatten.

Die Hunde machten mit eingezogenem Schwanz einen großen Bogen um ihn herum.

Die Mühe hat sich aber gelohnt. Heute ist Tigi wieder zärtlich. Nur sein Nachname verrät sein früheres Betragen: «Herr Tigi Frech». Ob auch er es zu einem Titel bringen wird? Vorschläge wären vorhanden. Prof. Nas. kratz. zum Beispiel. Oder Ing. Fisch putz. Und währenddem ich dies schreibe, sitzt er vor der Uhr und hascht mit der Pfote nach den Gewichten. Möchte er wohl Dr. Uhr kaputt werden?

► *Der Wasserfall, der wirklich «Froda» heißt, denn Froda ist ein Dialektausdruck für Wasserfall*

Es hat mich ungemein viel Lehrgeld gekostet, daß ich ein paar Jahre lang Emilias Rat in den Wind schlug, mit allen Gartenarbeiten erst nach Mitte Mai, den Eisheiligen also, zu beginnen – das Treibbeet ausgenommen. Wieviele Schweißtropfen sind deshalb vergeblich geflossen. Und wieviele Samen habe ich umsonst gesät!

Wenn die Birken zu grünen beginnen, wenn es am Morgen nach Erde riecht, die Vögel zwitschern, dann bin ich wie ein Rennpferd vor dem Start. Zusätzlich verlockt das Angebot von Balkonblumen- und Gemüsesetzlingen in den Geschäften und auf dem Markt von Locarno zu unbedachten verfrühten Einkäufen. Dort unten ist die Vegetation um mindestens einen Monat fortgeschrittener als bei uns. Aber mein Lehrgeld ist bezahlt. Nichts, gar nichts mehr wird eingekauft vor dem Stichtag des fünfzehnten Mai!

Auch die Sonnenblumenpflänzchen, die im Treibbeet bald das Dach berühren, müssen warten, sich vielleicht ein bißchen beugen. Unser Treibbeet ist ein Trost fürs Warten auf den Garten. Wir heben im ganz frühen Frühling die Erde einen halben Meter tief aus, füllen das Loch mit frischem Eselmist. Den müssen wir zwar weit weg beim Eselstall holen. Aber unsere beiden Eselchen sind da willige Helfer und Träger.

Über den Mist schütten wir ein paar Gießkannen voll Wasser, stampfen ihn fest. Dann breiten wir darüber eine gut fünf Zentimeter dicke Schicht Gartenerde aus, vermischt mit Sand aus dem Fluß. Der Mist entwickelt eine ganz beträchtliche Wärme, die durch die Erde dringt. Der Sand nun speichert diese Wärme zusätzlich, und unsere Sämlinge gedeihen prächtig. Bloß mit dem Pikieren darf man nicht zu lange warten, sonst vergeilen sie rasch. Aber wer hat heutzutage schon noch frischen Esel- oder Pferdemist? Eine Gärtnerin gab mir – bevor wir Esel hatten – den Tip, anstelle dieses Mists mit Stroh vermengten Hühnermist zu verwenden, diesen ebenfalls ganz gründlich einzuschwemmen und zu stampfen. Versucht habe ich das noch nie.

Bubu zeigt, wie man mit einem Knotengitter zäunt ...

Ein paar Tage nach der Niederschrift dieser Seite muß hier ein Einschiebsel gemacht werden: *Einen* Geranienstock habe ich in Locarno doch gekauft. Kaufen müssen. Die Blüte ist lila, Gabi maaag Lila. Ich werde ihn ihr schenken, dann habe ich zwar eine Blume heimgebracht, bin mir selbst gegenüber aber trotzdem konsequent geblieben!

*

«Unser» Sommer beginnt am fünfzehnten Mai. Dies ist ein wichtiger Stichtag. Deshalb habe ich an diesem Tag mein Sommerkapitel begonnen. Von da an dürfen unsere Tiere nämlich nicht mehr frei weiden. Das Gras, das jetzt wächst, soll zu Heu werden. Die Alpschafe werden zu diesem Zeitpunkt auf die Alp getrieben. Für unsere Milchschafe müssen wir nun eingezäunte Weiden bereithalten. Niemand, der es noch nicht versucht hat, kann realisieren, wieviel Arbeit dahinter steckt. Hier war ich an einem Punkt, wo ich mich nicht erinnern konnte, wie mein Vater das gemacht hat. Zu Hause hatten wir wohl ein Dutzend Kühe und im Sommer zusammen mit den andern Bauern des Dorfes eine Alp, die man in einer halben Wegstunde von daheim aus erreichte. Ich habe aber meinen Vater nie beim Erstellen eines Zauns gesehen.

In solchen Fällen studiere ich Bücher. Für Schafe – so las ich da – seien Weidenetze aus Elektrodraht das beste. Also bestellte ich zwei solche Netze und dazu Stäbe. Damals stand uns noch die ganze beinahe ebene Fläche von Cortino zur Verfügung. Ich stellte mir vor, es sei ein Kinderspiel, ein Vergnügen geradezu, dieses Netz aufzustellen. Diese Vorstellung war so etwas wie jugendlicher Übermut – auch wenn ich ja genau genommen nicht mehr so unbedingt jugendlichen Alters bin.

Wer damals mit mir kam, weiß ich nicht mehr. Sicher unsere beiden Esel. Pierino mußte das Netz und die Stäbe tragen. Den mit einer Batterie versehenen Hüteapparat luden wir Nelli auf den Sattel.

Der Weg nach Cortino, ein Weg, den ich liebe wie keinen anderen, versetzte mich in jene immerwährende Ferienlaune, in der mir ist, als ob ich Flügel hätte. An unserm Ziel angekommen, befreiten wir die beiden Esel von ihren Lasten. Sie begannen zu grasen. Ein Weidenetz ist etwa einen Meter breit und fünfzig Meter lang und besteht aus Drähten, die etwa sechs mal zehn Zentimeter große Maschen bilden. Wir steckten ungefähr alle fünf Meter einen Haltestab in die Erde. Ist die Weide abgegrast, versetzt man dann das Netz. Zum ersten Mal bemerkte ich, daß das Gelände so eben auch wieder nicht war. Überall lagen große und kleinere Steine, die das Geradeausspannen des Netzes verhinderten.

Bei Hüte- und somit auch Zaunbauarbeiten sollte man wohl zuerst einen Schutzpatron der Hirten anrufen. Ist da Petrus zuständig? Vermutlich doch nicht, denn was uns dann passierte, hat nichts mit schöner Schäfer- und Hütearbeit zu tun: Ich gebe es zu, daß möglicherweise nicht alle Weidenetze schon bei der Lieferung so ineinander verhakt und verklammert und verwirrt sein müssen. Bei uns war es zumindest so, daß wir uns bis zur Verzweiflung in den Drahtschlingen verhedderten und verwickelten, bis wir nur den Anfang des Netzes fanden. Eigentlich bin ich ein sehr geduldiger Mensch. Aber auch mein drahtiger Geduldsfaden wollte reißen, als auch die Esel noch in das nun teilweise entwirrte Netz traten, das wir am Boden ausgebreitet hatten. Sie zogen es mit ihren Hufen weiter, und es verwickelte sich von neuem.

Schließlich war's geschafft. Seufz! Der Hüteapparat wurde aufgehängt. Ein Kontrollämpchen sollte anzeigen, ob der Apparat Strom abgab. Er gab. Wir waren zufrieden mit unserm Werk, gingen nach Hause. Morgen würden Schafe und Esel eine schöne Weide mit einem schönen Weidenetz eingezäunt vorfinden.

Morgen kam. Wir brachten die Tiere hin, stellten einen Kessel voll Wasser im Schatten für sie auf («Ihr müßt die Weide immer

... und so sieht ein Schaf- und Eselzaun für unebenes Gelände aus

so abstecken, daß die Tiere sich in den Schatten legen können. Und auch der Wasserkessel gehört dorthin», dozierte ich) und ließen sie allein. Nach einer guten Stunde kam Renato. Er ist sonst ein lieber, umgänglicher Mensch. Jetzt aber war er zornentbrannt, zeigte mit bedrohlich rollenden Augen auf seine Wiese, die er Ende Juni zu heuen gedachte – da grasten friedlich unsere Schafe und Esel.

Wer Tiere hält, muß sich klar darüber sein, daß sie unzählige Steine des Anstoßes für Nachbarn sein können. Ich gebe mir redlich Mühe, solche Anstöße zu vermeiden. Was war da wohl geschehen? Wir trieben die Tiere aus der Heuwiese und sperrten sie in den Stall. Mitten an diesem schönen Maientag.

Dann gingen wir wiederum nach Cortino. Diesmal war ich nicht so beflügelt.

Das Netz war niedergetrampelt. Der Hüteapparat zeigte aber an, daß er Strom abgab. Offenbar waren unsere Tiere gegen Strom resistent – oder aber wir hatten etwas falsch gemacht.

Kopf muß bekanntlich bei uns viel denken. Er dachte: Da war also der Strom, den wir ordentlich zum Kreis geschlossen hatten. Das mußte richtig sein. Ich berührte mit dem Finger ganz zaghaft das Netz. Dann schloß ich meine Hand um einen Draht.

Nichts.

Kopf dachte:

Das Netz stieß hie und da an einen Stein an, beim Schattenplatz berührten die Äste der Bäume es, am Boden entlang waren es Grashalme, die ebenfalls mit dem Draht Kontakt hatten.

Irgendwo im Hinterstübchen des denkenden Kopfes kam die Erinnerung auf, daß jemand mir gesagt hatte, es sei von Vorteil, die beiden untersten Maschenreihen aus dem Stromkreis auszuschließen, also abzuschneiden, weil Steine, Äste und Gräser sonst einen Teil Energie ableiten können. Der schmerzende Schlag bei der Berührung des Zauns bleibt dann aus. Das war's. Man mußte also zuerst den Platz für das Netz freimähen, Steine wegräumen, Äste abschneiden. Uff! Je länger je mehr habe ich Verständnis dafür, wenn ungelernte Leute das Bauern, vor allem die damit verbundene Arbeit mit Tieren, wieder aufgeben.

Wir steckten unsern Zaun neu, nachdem wir zuerst zu Hause eine Sichel geholt und den schmalen Streifen ausgemäht hatten. Nette Arbeit. Und erst jetzt, wo ich dieses niederschreibe, komme ich auf die Idee, daß man das ja mit einem kleinen Rasenmäher viel einfacher machen könnte, sofern das Gras nicht zu hoch ist.

«Umzaunen», also das Netz auf einer Weide mit frischem Gras neu stecken, ist eine Arbeit, die in unserer Familie beinahe noch mehr geschmäht wird als das Jäten im Garten.

Noch schlimmer wurde es, als wir mit Weideplätzen im Wald vorliebnehmen mußten, weil Marco und Paul in Cortino ihre biologische Gärtnerei aufbauten. Inmitten von Steinen und Bäumen ein Netz so stellen, daß es nirgends anstößt, geht einfach nicht. Ich fand aber eine Möglichkeit des Einzäunens: Man spannt gut sichtbaren, also z. B. gelben, Viehhütedraht über Isolatoren, die an im Boden eingesteckten Holzstäben befestigt sind. Für Schafe braucht es – im Gegensatz zu Kühen – zwei Reihen Draht auf dreißig und siebzig Zentimeter Höhe. Es ist wichtig, daß die Tiere frisch geschoren sind, wenn sie das erste Mal auf eine derart eingezäunte Wiese gebracht werden. Der Lieferant der Hütebatterien hat auch den Apparat so geändert, daß die Stromschläge in schnelleren Intervallen (aber natürlich nicht mit mehr Strom) erfolgen. Seither ist der Friede mit Renato wieder hergestellt.

*

Was unser Leben so spannend macht – uns gleichzeitig oft aber auch zur schieren Verzweiflung treibt – das sind die unvorhergesehenen Dinge. Da kann man noch so schöne Arbeitseinteilungen und -pläne machen – ich kann mir noch so pflichtbewußt mein tägliches Schreibplansoll vornehmen ... am Abend stellen wir fest, daß

wir wohl fleißig waren – aber ganz anderes als das Vorgesehene taten. Gestern zum Beispiel war es so: Nein, ich muß zuerst schildern, wer im Moment bei uns ist:

Erstens unser Onkel Arthur. Zuerst schrieb ich hier «*mein*» Onkel Arthur. Aber er ist unser aller Onkel geworden. Achtundachtzig wird er. Er macht Ferien vom Altersheim und wird von uns wieder einmal aufgepäppelt, denn dort ißt er einfach viel zu wenig.

Dann natürlich Susi. Wer ihr einfach so begegnet, muß annehmen, sie sei ein sehr ernster Mensch. Ich kann aber feierlich bestätigen, daß dem nicht so ist.

Dann Gabi. Gabi wohnt zwar im Dorf nebenan. Sie kommt aber beinahe täglich zu uns, webt und strickt und spinnt hier. Textiles Arbeiten hat sie gelernt.

Dann Gabis Tochter Mirja. Sie geht in die erste Klasse. Der Schulbus bringt sie hierher zum Mittagessen. Somit haben wir doch täglich ein Kind im Haus. Vincenza geht jetzt in den Kindergarten. Wir vermissen sie und ihre Streiche!

Alice vor dem neuen Lädeli. Da ist sie im Element

Susi mit ihrer Gitarre – auch im Element

Dann Alice. Sie ist dreiundzwanzig Jahre alt. Wir zwei haben uns auf ganz lustige Art kennen gelernt: Alice war in Kanada bei ausgewanderten Schweizer Freunden zu Besuch und hat dort meine Bücher gelesen. Sie kommt, wie Susi, aus dem Berner Oberland und fand, es wäre doch einen Versuch wert zu schauen, wie es bei uns zugeht.

Sie hat braune Augen, braune kurzgeschnittene Haare, behauptet, ihre klein geratene Statur bereite ihr Kummer – dabei ist sie genau richtig so wie sie ist.

Wir haben Alice sofort ins Herz geschlossen. Sie hat jenen knochentrockenen Humor, der uns Tränen lachen läßt, und wirft sich mit ungeheurem Eifer in jede neue Arbeit. Mißlingt ihr etwas, dann bewirkt ihr absolut unbernisches Feuertemperament Zornausbrüche von drolliger Art.

Dann ist Beatrice da, Lehrerin, nur ein paar Tage zu Besuch.

Und am Ende meiner Aufzählung folgt wieder ein männliches Wesen. Markus, fünfzehn, zukünftiger Elektroniker, Träumer, mit hilfsbereitem Herzen und starken Händen – wenn er nicht gerade träumt oder – mit Kopfhörern versehen – Musik hört, die mich demjenigen gegenüber dankbar macht, der solche Kopfhörer erfunden hat. Und vorhin hat er Alice gefragt, ob er wohl auch in diesem Buch «verewiglicht» werde.

Und nun also, was gestern geschah:

Ich setzte mich an meine Schreibmaschine mit dem schönen Vorsatz, heute mindestens fünf Seiten zu produzieren. Susi, Beatrice und Alice besorgten die Tiere, Markus schlief noch, auch Onkel Arthur hatte sich noch nicht blicken lassen.

Da läutet das Telefon. Lina hat drei Kilogramm Wolle fertig gesponnen, braucht neues Material und das wenn möglich heute noch, per piacere. Es sieht so aus, als ob es regnen wird – und da hat sie Zeit zum Spinnen. Ich verspreche, daß das gemacht wird.

Das Telefon läutet nochmals. Lina hat vergessen, zu sagen, daß sie auch noch Seide braucht. Auch der Seidenwunsch wird erfüllt! Ciao.

Onkel Arthur kommt zu mir, um mir schnell guten Tag – good morning – zu wünschen.

«Hast du keine Zeit, eine Tasse Kaffee mit mir zu trinken?»

Natürlich habe ich.

Weiterschreiben.

Wo war ich denn schon stecken geblieben? Der abgerissene Gedankenfaden wird gefunden, die Maschine klappert.

Alice poltert an die Türe von Markus' Schlafzimmer.

«Komm, aufstehen, wir müssen Strohballen und einen großen Sack mit der Seilbahn transportieren. Und um halb elf Uhr muß ich im Lädeli sein. Und dann schaut es aus, als ob es bald regnen würde. Es wäre schade, wenn das Stroh naß würde. Bis Beatrice und Susi von der Schafweide zurückkommen, ist es vielleicht schon zu spät.»

Markus scheint vom Gedanken, die schweren Strohballen heben zu müssen, nicht unbedingt begeistert zu sein, denn er regt sich nicht.

Eine Viertelstunde später fleht mich Alice an, Markus doch Beine zu machen. Sie gehe schon zur Talstation der Bahn, um eine Fuhre aufzuladen.

Die Uhr schlägt zehn. Zeit, um Onkel Arthur ein Glas Bier zu bringen In der Küche treffe ich Markus, der genüßlich sein Stück Brot kaut. Ein Blick durchs Fenster, Alice steht unten bei der Bahn, wirft die Hände in die Luft. Ich höre es zwar nicht, weiß aber, daß sie nun lautstarke, nicht ganz stubenreine berndeutsche Worte von sich gibt. «Aber Markus, weshalb läßt du Alice warten?»

Markus kaut, schluckt, trinkt Kaffee.

«Ich schaff' es doch nicht, diese Ballen allein aus der Bahn zu heben.»

«Und warum, um Himmels willen, rufst du denn nicht mich?»

«Weil alle gesagt haben, ich soll dich endlich schreiben lassen.»

«Stroh abladen ist aber im Moment viel, viel wichtiger.»

Wir schaffen alle Ballen herauf, dann folgt ein Sack Mehl.

Wer es nicht weiß: Ein Sack Mehl ist fünfzig Kilogramm schwer und ungefähr das Ekelhafteste, was wir transportieren müssen. Ein Sack Zement ist auch fünfzig Kilogramm schwer, aber viel kleiner. Susi, Beatrice und Alice schaffen es unten vereint, den Sack aufzuladen. Klüger wäre es wohl gewesen, seinen Inhalt schon unten in zwei Hälften zu teilen. Aber die ersten Regentropfen fallen bereits.

Ich sehe nur, daß etwas Weißes zu Boden fällt in dem Augenblick, wo sie den Sack in das Wägelchen der Bahn gleiten lassen. Mir schwant Böses. Aber hier, bei der Bergstation der Bahn, ist das Wägelchen – es besteht aus einem halben, längs aufgeschnittenen Ölfaß – wenigstens unterm Dach. Ein Druck auf den Knopf, der Mehlsack schwebt uns entgegen. Es regnet ein bißchen stärker. Die Hälfte der Strecke ist zurückgelegt. Päng.

Die Bahn steht still. Der Motor schaltet bei Überhitzungsgefahr ab.

Es regnet noch ein bißchen mehr. Ich fasse einen großen Entschluß: Künftig wird Mehl nur noch in abgepackten Einkilogrammtüten gekauft, auch wenn das teurer ist.

Ein Klicken im Motor der Bahn verrät mir, daß sie nun wieder fahren kann. Druck auf den Knopf.

Der Sack kommt an, ist feucht, ein großes Loch klafft auf der Seite. Wir füllen ihn nun hier um, der Wind bläst Mehl vor sich hin, wir schöpfen.

Da fällt es Susi ein, daß sie vergessen hat, den Topf mit dem Suppenhuhn aufs Feuer zu stellen, bevor sie mit den Tieren auf die Weide ging. Wir ändern unseren Speisezettel, denn «Gummiadler» (das ist zu wenig lang gekochtes Suppenhuhn) mögen wir nicht gern.

Am Nachmittag setze ich mich wieder an die Schreibmaschine. Das Blatt ist noch nicht eingespannt, da ruft mich Gabi.

«Du, da unten sind Leute, die wollen unbedingt mit dir reden. Sollen sie später wieder kommen?»

«Ach nein, ich mache halt jetzt schon eine Schreibpause.»

Da steht eine Familie. Sie kommen aus Deutschland. Zum ersten Mal sind sie ins Tessin gekommen und haben spaßeshalber auf Grund des ersten und zweiten meiner Bücher Detektiv gespielt. Leicht sei es nicht gewesen, mich zu finden. Da habe es solche gegeben, die hätten gesagt, ich wohne in Locarno in einem Hochhaus – und solche, die hätten behauptet, ich wohne «da hinten in einer Villa». Daß dies jedoch keine Villa sei, sehe man aber schon an der Tatsache, daß Hühner im Hof herumspazieren. Ob dies nun das richtige Haus sei? Auch der Webstuhl im Wohnzimmer und die beiden Spinnräder seien nicht villamäßiges Mobiliar. Hätte ich mich nicht selbst gezeigt, hätten sie eben doch annehmen müssen, ich wohne im Hochhaus – und das wär' eine arge Enttäuschung gewesen.

Susi hat Nachmittagsdienst im Lädeli, Beatrice steckt mit Markus Bohnen, Onkel Arthur sitzt am Kamin und hütet das Feuer, eine Tätigkeit, die er liebt. Alice bäckt Kuchen mit dem feuchten Mehl, Gabis Weberschiffchen schnurrt hin und her. Mirja hat heute ihren schulfreien Nachmittag. Sie sitzt neben Gabi, webt auch. Auf einem mit Schnur umwickelten Kartondeckel zieht sie sorgsam ihre Fäden ein. Tigi sitzt auf dem Schlagbaum des Webstuhls und kontrolliert die Lage.

Ich mag die Stunden, wo ich weiß, daß jeder Mitbewohner unseres Hauses einer Tätigkeit nachgeht, die ihm Freude macht. Mir scheint, man müsse die friedliche Stimmung nicht nur fühlen, auch sehen und hören können.

Und für einmal schaffe ich es schließlich auch noch, mein Schreib-Plansoll zu erfüllen.

«Thank you for this day», sagte Onkel Arthur, als er mir Gute Nacht wünschte. Sollen unsere Tage weiterhin turbulent sein. Solange einer am Schluß dafür dankt, ist's nicht falsch.

*

Gabi mit Vincenza und Mirja am Webstuhl –
aufmerksam kontrolliert von Tigi

Mirjas erste Webversuche, aufmerksam kontrolliert von Vincenza

Die beiden letzten Maiwochen lassen mich wünschen, mindestens sechs Hände zu haben oder die Zahl der Tagesstunden verlängern zu können. Da sollte alles aufs Mal gemacht werden.

Die Balkonkistchen sind seit ein paar Tagen hergerichtet. Wir haben sie mit heißem Schmierseifenwasser außen und innen tüchtig abgeschrubbt. Seitdem wir das tun, gedeihen vor allem die Geranien viel besser. Durch die Wäsche vernichtet man jene lästigen Pilzsporen, die die Blätter gern braun werden lassen.

Auf dem Balkon pflanzen wir dieses Jahr auch noch Tomaten. Eine unserer ungeschriebenen Hausregeln bestimmt, daß nie frische Tomaten gekauft werden. Wir sind die aromatischen Früchte unseres eigenen Gartens gewöhnt und machen im Sommer richtiggehende Tomatenkuren. Teuer gekaufte Treibhaustomaten mag aber niemand. Deshalb bleibt unsere Lust auf Tomaten außerhalb der Saison beschränkt auf Gerichte, die wir mit der selbsteingemachten Tomatensauce zubereiten können.

*So pflanzt man Tomaten mit dem Wärmedün-
gepflanzenschutzstoff Brennessel – hier kontrolliert der Ruedeli*

Wir pflanzen nun auch die Freilandtomaten. Mit einiger Bange zwar, denn es ist schon geschehen, daß am zweiundzwanzigsten Mai noch Schnee fiel ...

Wenn ich «Tomate» sage, kommt mir unwillkürlich auch «Brennessel» in den Sinn. Wieviel kann man einer Tomatenpflanze zuliebe tun, wenn man den folgenden so einfachen Trick kennt: Man bereitet Pflanzlöcher vor, die doppelt so groß sind, als normalerweise notwendig ist. Da hinein legt man erst eine gute Handvoll zu einem Knäuel zusammengerollte Brennesseln. Die deckt man mit ein paar Zentimetern Erde zu und gibt nun die Tomatenpflanze hinein. Darauf achten, daß sie so tief gesetzt wird, daß die beiden ersten Blattachsen noch mit Erde bedeckt sind! Da entstehen dann zusätzlich Wurzeln. Die Pflanze kann mehr Wasser aufnehmen. Die verrottende Brennessel bildet vorerst Wärme, dann Dünger für die Tomate – und schützt erst noch vor Bodenschädlingen. Ich wette, daß noch keine chemische Fabrik einen gleich wirksamen Wärmedüngepflanzenschutzstoff erfunden hat!

Klar, daß wir nun auch unsere Brennesseljauche ansetzen.

*

Und nun grünt und blüht es so, daß es mir immer scheint, wir seien ins Grün getaucht. Das ist die Jahreszeit, wo ich die Stunden bremsen möchte. Tage, werdet bitte noch länger, Abende, vergeht bitte nicht so schnell, Nächte, duftet nicht so süß, sonst werden Erinnerungen wach, die besser weiterschlafen. Aber am Duft der Nächte bin ich selbst schuld. Weshalb habe ich unter mein Schlafzimmerfenster ein Geißblatt gepflanzt?

Ich möchte so gerne wissen, welch geheimnisvoller Vorgang bewirkt, daß das Geißblatt nur duftet, wenn die Sonne nicht darauf scheint. Und ich möchte wissen, woher Ringelblumen ihre Wettervorhersage nehmen: Wenn sie morgens um sieben Uhr noch nicht aufgegangen sind, regnet es am gleichen Tag ganz bestimmt!

Ringelblume: Heilpflanze, Färbepflanze, Freudenblume …

Hängt dies wohl mit der Luftfeuchtigkeit zusammen? oder mit was?

Oder soll ich das alles gar nicht zu ergründen suchen?

Die gegebenen Tatsachen einfach hinnehmen und mich an ihnen freuen?

*

Unsere Küken schlüpfen. Bei den Hühnern dauert die Brutzeit einundzwanzig Tage, bei unserm übrigen Geflügel achtundzwanzig Tage. Drei Wochen oder vier Wochen.

Ich möchte gerne wissen, welch geheimnisvoller Vorgang bewirkt, daß die Entwicklungszeit von Küken genau einen ganzen oder drei Viertel eines Mondumlaufes dauert.

Ich möchte gerne noch ganz viel wissen. Wenigstens weiß ich, daß ich nichts – oder fast nichts – weiß.

Mir kommen jedesmal die Tränen, wenn ich das Piepsen der Küken zum ersten Mal höre. Wie gerne möchte ich wissen, wieviele da nun zur Welt gekommen sind. Ich gedulde mich jeweils bis zum nächsten Morgen. Aber dann hebe ich die Glucke vorsichtig vom Nest. Sie wehrt sich dagegen, plustert sich auf, versucht, mich in die Hand zu picken. Das weiß ich aber längst: daß mir das nicht weh tut. Ich spreche ihr gut zu. Während den ersten vierundzwanzig Stunden ihres Lebens brauchen die Küken noch kein Futter. Wie gut ist das eingerichtet. So können sie ihren Flaum gut trocknen, bevor sie sich auf die Futtersuche machen müssen. Besonders Trutenküken sind ungemein empfindlich gegen Zugluft.

Nach dem ersten Tag wagen sie dann ihren ersten Ausflug. Das ist der Moment, da wir die ganze Familie in ein neues Nest umsiedeln, eines, wo die Sonne hinscheint, wo ein bißchen Auslauf ist – aber so geschützt, daß die Katzen sie nicht erwischen. Heute bin ich wegen der Katzengefahr allerdings nicht mehr so ängstlich. Die Glucken verjagen die in die Nähe kommenden Katzen mit soviel Gezeter und

Flügelschlagen, daß diese die Geflügelfamilien in Ruhe lassen. Aber ganz trauen wir ihnen doch nicht.

Die jungen Küken, die die ersten drei Tage ihres Lebens überstanden haben, haben gute Chancen, erwachsen zu werden. Wir füttern sie mit Kükenmehl, ganz feingehackten Brennesseln (schon wieder Brennesseln!), Löwenzahnblättern. Und was ganz, ganz wichtig ist: Sie brauchen enorm viel Wasser. Unglaublich, wieviel Wasser Küken im Tag trinken. Das Wassergeschirr der Hühner und Truten muß im Schatten stehen und mindestens dreimal täglich frisch gefüllt werden.

*

Juni. Man könnte sagen, die Bienenzeit sei bei uns ausgebrochen. Wir sammeln zwar nicht Nektar, aber wir schwelgen in Gemüse, in Beeren – in allem, was die Jahreszeit uns schenkt. Wir beeilen uns, davon haltbar zu machen, was übrig ist und uns dann im Winter an den Sommer erinnert.

So viel Verschiedenes gibt es momentan zu tun, daß wir die Holunderblüte verpaßt haben. Nun gehen wir morgen eben «z'Berg». Wir wissen einen Ort, wo die Holundersträucher erst einen Monat später zum Blühen kommen. Dann wird's doch noch Holundersirup und -küchlein geben. Und damit dieses Versehen nicht noch einmal vorkommt, werden wir hinterm Haus ein paar Holunderbüsche pflanzen.

In unserm Hof steht der Nußbaum. Deshalb ist beim Ratafià die Gefahr, den richtigen Augenblick zu verpassen, viel kleiner.

Was Ratafià ist?

Ein Likör aus grünen Nüssen, den man im Tessin an Weihnachten trinkt. Jede gute Hausfrau hat ihr eigenes Rezept. Ich bin daran, solche Rezepte zu sammeln, auszuprobieren. Keine Angst, man würde auch bei einer Ratafià-Degustation kaum einen Schwips bekommen, trinkt man ihn doch aus Gläschen, die kaum mehr als einen Fingerhut voll enthalten.

Mein Star-Rezept will ich Ihnen im Rezeptteil verraten. Erhalten haben wir es von Giovanna, der Frau des Sindaco von Briana.

Um den Ratafià rankt – in meinem Kopf wenigstens – eine ganze Philosophie. Da ist zum Beispiel der Zio Alfonso, ein nun über achtzigjähriger, unendlich lieber Mann aus unserm Dorf, durch den ich Ratafià eigentlich kennenlernte. Er schenkte mir vor Jahren ein Fläschchen voll zu Weihnachten.

«Das ist etwas, was Maria und ich miteinander gemacht haben – und weshalb wir schon mitten im Januar, auch im Sommer an die nächste Weihnacht dachten. Ich habe den Grappa gebrannt. Das war also im Januar. Und dann haben Maria und ich am längsten Tag die Nüsse gesammelt. Und Maria hat den Likör schließlich angesetzt und gepflegt. Hier ist er nun.»

Jenen Ratafià habe ich mit großer Ehrfurcht getrunken – und er schmeckte fein! Das ist die Geschichte. Ohne Pointe vielleicht. Aber wie schön dünkt es mich

Der Zio Alfonso: hier nicht beim Nüssesammeln

▶ *Schönheitspflege mit Johannisöl*

doch, wenn ein Mann und eine Frau – erst er, dann beide, dann sie – miteinander etwas herstellen, das sie schließlich verschenken können.

Beim Sammeln der Nüsse, beim Diskutieren, weshalb man die Mischung unbedingt am Tag der Sonnenwende machen müsse, haben wir über vieles gesprochen. Möglicherweise ist es Zufall, aber am einundzwanzigsten Juni war der Boden unterm Nußbaum übersät mit abgefallenen Nüßchen. Vermutlich denjenigen, die zu klein oder am reich behangenen Baum überzählig sind. Ich habe nämlich bemerkt, daß die am Baum verbliebenen Nüsse alle um etliches größer sind. War man früher so sparsam, daß man versuchte, sogar aus den vorzeitig abfallenden Nüssen noch etwas herzustellen? Dies ist die eine Überlegung. Die andere: Wenn es so wichtig ist, das Getränk an der Sonne stehen zu lassen, ist wohl der längste Tag der genau richtige Moment – denn dann scheint ja die Sonne am längsten.

«Aber», so argumentiert jemand am Tisch,

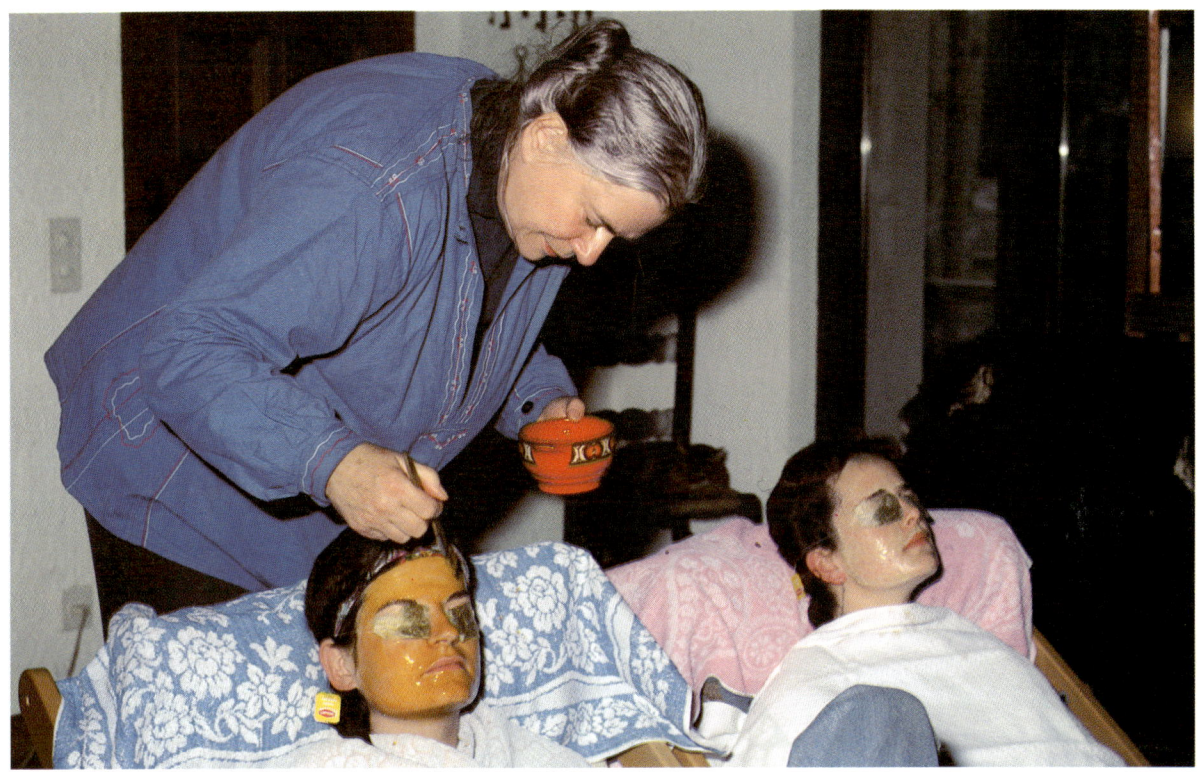

«eineinhalb Wochen vorher wäre dann doch noch besser gewesen.»

«... die Nüßchen aber noch nicht groß genug», antwortete ich.

Wir haben die abgefallenen Nüßchen zum Färben von Wolle verwendet und uns den Luxus erlaubt, diejenigen für den Likör vom Baum zu pflücken. Meine Hände sehen im Moment sehr schreibmaschinen-unwürdig dunkelbraun verfärbt aus. Soll die Farbe noch lange an meinen Händen haften bleiben. Sie erinnert mich dann daran, nichts, aber gar nichts verderben zu lassen, was mir die Natur schenkt.

*

Die Natur schenkt so viel! Gerade zu die-ser Jahreszeit werden wir überschüttet mit Kostbarkeiten.

Gleich neben den Flaschen, in denen die grünen Nüsse zu Likör werden, stehen die Flaschen mit Johannisöl – und meine Hände sind nicht nur von den grünen Nüssen, auch noch vom roten Saft der

Johanniskraut-Blüten verfärbt. Neben der Wolle, die wir im Nußbad verschönerten, hängt diejenige, die eine Johanniskraut-Behandlung bekommen hat.

Am Sonntag-Morgen verwandelt sich unser Wohnzimmer jeweils in einen Schönheitssalon. Wir können nun bis auf einen kleinen Notvorrat das Johannisöl des Vorjahres aufbrauchen. Für unsere Schönheit nämlich. Susi hat trockene Haut. Für sie wird eine Gesichtsmaske mit Johannisöl, Eigelb und einem Spritzer Zitronensaft angerührt. Eine Gesichtsmayonnaise sozusagen.

Alice hat unreine Haut. Für sie enthält der Schönheitsbrei wiederum Johannisöl, Eigelb, dann aber noch Joghurt – Schafjoghurt übrigens … – und Bienenhonig. Auf die Augen legen wir während der knappen halben Stunde, während der wir die Maske einwirken lassen, einen in Kamillentee getauchten Wattebausch.

Und dann wird noch eine schöne Schallplatte aufgelegt, entspannt …

Und dann klopft es bestimmt an die Türe – und irgend jemand will uns – permesso – besuchen, «bloß um guten Tag zu sagen» oder «um einen Gruß von jemandem zu bringen». Merke: Niemals darf die ganze Belegschaft aufs Mal maskenbeschmiert herumsitzen. Eine hat Pikettdienst. Das schreckensbleiche Gesicht eines Besuchers, dem Susi Johannisöl-verschmiert die Türe öffnete, ist unvergeßlich.

*

Zu meiner Hymne über die Brennessel, der Arie vom Johannisöl gehört noch ein drittes Loblied. Dasjenige über die Ringelblume. Mit diesen drei Kräutern haben wir uns beinahe eine ganze Hausapotheke eingerichtet. (Unnütz, zu erwähnen, daß wir auch mit Ringelblumen Wolle färben.)

Letzten Herbst kauften wir eines der Schweine, die Elio sommersüber auf der Alp hält, die also dort nur mit Molke von Ziegenmilch und mit Gras ernährt wurden. Elio brachte das Schwein zum Metzger, den ich flehentlich bat, mir auch das

Fett zu liefern. Bruno war konsterniert.
«Kein Mensch will doch heute mehr Schweinefett.»
Als ich ihm aber dann die Gründe für meinen offenbar seltsamen Wunsch auseinandersetzte, begriff er – und bestellte ein Döschen Ringelblumensalbe für seine schrundigen Hände.
Aber der Reihe nach: Schweinefett muß man, um es haltbar zu machen, auslassen. Die Rückstände daraus – in meinem Dialekt sagt man «Griebe» – und das ist nun ein Wort, für das ich den hochdeutschen Ausdruck nicht kenne – schmecken mit Salz himmlisch als Brotaufstrich oder in einer guten Rösti. Also: Ich bat Theres, das Schweinefett auszulassen, d. h. so lange köcheln zu lassen, bis die Rückstände goldbraun auf der Oberfläche schwimmen.
Hie und da denke ich nicht daran, daß in heutigen Kochschulen und Küchen andere Prinzipien herrschen als damals, als ich kochen lernte. Ich sagte Theres bloß, daß sie die «Griebe» sorgfältig abseihen solle.

Als ich nachschauen kam, lagen diese wohl im dafür vorbereiteten Sieb. Und das Fett? Das hatte sie im Schüttstein ausgegossen. Das Rumpelstilzchen in mir wütete!
Zum Glück hatte nicht alles Fett aufs Mal im Topf Platz gehabt. Vom Rest konnten wir immer noch etliche Töpfchen Ringelblumensalbe machen. Onkel Arthurs schlecht durchblutetes Bein ist damit wieder viel besser geworden, die ekligen geplatzten Äderchen auf meiner linken Wange, Wehwehs von Tier und Mensch werden damit gepflegt ...
Im Rezeptteil steht, wie man sie macht.

*

In meiner Kinderzeit gab es drei Höhepunkte im Jahr. War einer vorbei, fieberte ich dem nächsten entgegen: Es waren Weihnachten, Geburtstag und der Erste August, der Schweizer Nationalfeiertag. Alle drei hatten etwa den gleichen Stellenwert, was das Lange-Aufbleiben-Dürfen, das feine Dessert anbelangte. Beim Ersten

Mein Herz klopfte vor Aufregung, wenn ich auf den gegenüberliegenden Bergen ein Höhenfeuer nach dem andern aufflammen sah

August kam noch das Erlebnis einer schönen Sommernacht hinzu. Mein Herz klopfte vor Aufregung, wenn ich auf den gegenüberliegenden Bergen ein Höhenfeuer nach dem andern aufflammen sah. Feierlich war mir zumute, wenn ich im Kinderumzug meinen Lampion mit dem Schweizerkreuz vor mir hertragen durfte, sorgsam darauf achtend, daß die brennende Kerze das Papier nicht versengte.

So wie mir meine Mutter die biblischen Geschichten erzählte und mich damit auf Weihnachten und Ostern vorbereitete, so tat mein Vater dasselbe für den Ersten August: Sein zerfranstes, abgegriffenes Schulbuch der Schweizergeschichte war eines meiner bevorzugten Bilderbücher. Mein Vater pflegte mich auf seine Knie zu nehmen, wir blätterten gemeinsam im Buch. Er erzählte mir zu den Bildern von Wilhelm Tell, vom Apfelschuß, vom Rütlischwur, was sich da vor Hunderten von Jahren in den Urkantonen ereignet hatte. Wenn nun die Höhenfeuer zu leuchten begannen, dann klopfte mein Herz nicht,

weil die Lichter an sich mir Freude bereiteten. Ich versetzte mich in jene Zeiten, wo ein solches Zeichen Unterdrückten Freiheit verkündete. Ich war unbändig stolz darauf, in einem Land geboren zu sein, in dem man frei sein durfte. Die Leute von damals hatten sich ihre Freiheit erkämpft mit ihrer persönlichen Tapferkeit und weil sie zusammenhielten. Einer für alle, alle für einen. Ohne diesen Grundgedanken – das prägte mir mein Vater tief ein – ohne diesen gäbe es heute keine Schweiz, wären wir Untertanen irgend eines Machthabers (er sagte «Königs»).

Ich erzähle meine Kindheitserinnerung hier nicht, um nun zu untersuchen, wie frei der einzelne Schweizer sich heute noch fühlen darf. (Wenn ich irgend eine Zeitung lese, muß ich mir trotz meiner Abneigung und oft meinem Unmut gegen behördliche Administration sagen, daß wir immer noch und trotz allem in einem *sehr* freien Land leben.)

Es geht mir vielmehr darum, heutige Väter dazu anzuregen, mit ihren Kindern nun im

Buch der Schweizergeschichte zu blättern. Unmodern? Verlogen? Kitschig?

Ein Kind kann, nein, es sollte von seinen Eltern lernen, daß Einigkeit stark macht, daß diejenigen verlieren, die uneins sind. Ist es zu spät, den Eltern von unzufriedenen, randalierenden, rebellierenden Jugendlichen derartige Gedankengänge zu unterbreiten?

Ein Gespräch mit ihnen darüber würde dies aufzeigen.

Warum nicht ein Gespräch beim Schimmer eines Lampions mit dem Schweizerkreuz? Kitsch hin oder her. Es könnte der Beginn sein zu einem Umdenken (von Alten und Jungen), zum sich besinnen darauf, daß wir auch heute noch stolz darauf sein könnten, frei zu sein.

*

Ich kenne kaum einen im Tessin lebenden Deutschschweizer, der nicht leise oder auch lauter seufzt über die jeden Sommer einsetzende Invasion von Freunden und Verwandten aus der alten Heimat. «Tessin» und «Sommer» und «Sonne» sind dort untrennbar miteinander verbundene Begriffe. Mir konnte es früher nicht heiß und sonnig genug sein, heute suche ich den Schatten, sogar hier oben, wo selbst an den heißesten Sommertagen ein angenehmer, vom Tal kommender Wind die Luft kühlt. Unsere Sommersonntage haben seit ein paar Jahren ein ganz genaues Programm: Wir gehen zuhinterst im Tal links ins Grotto und essen dort eine Minestrone, dann einen Teller mit kaltem Fleisch und Käse. Alle, die dort arbeiten, sind unsere lieben Freunde. Wir gehen abwechslungsweise einmal an einen Tisch, an dem Teresina, dann an einen, wo Miriam bedient. Was diese beiden seit Jahren dort arbeitenden Frauen täglich leisten, bewundere ich immer wieder aufs neue. Teresina schafft es, zwölf (zwölf!!!) (Anmerkung von Susi: «nein fünfzehn!!!») mit Fleisch belegte Teller aufs Mal auf ihren beiden Armen zu balancieren. Mir würde schon mit vier Tel-

Man zähle die Teller, die Miriam hier trägt ...

lern mindestens deren Inhalt auf den Boden fallen.

Wen wir zu dieser Zeit kaum sehen, ist Emilia. Sie und Olimpio haben ihre Ziegen nun auf der Alp – die ist so nahe gelegen, daß sie täglich zweimal hinaufgehen. Eine Wegstrecke ist – für uns wenigstens – etwa vierzig Minuten lang. Ich wette, Olimpio schafft es mit seinem schweren Schritt in der halben Zeit.

Dafür sehen wir aber Odivio. Jeden Morgen weckt mich der Klang seines Dengelhammers. So wie zum Frühling das Vogelgezwitscher gehört, gehört zum Sommer jenes Geräusch. Eines, das mich wie das Ticken meiner Uhr an meine Kindheit erinnert.

Heuernte damals: Wir Kinder halfen tüchtig mit. Die Erinnerungen an die schmerzenden Blasen, die vor allem beim Zusammenrechen des Heus entstanden, werden haushoch überragt von der Erinnerung an das Essen auf dem Feld. Ich sehe alles noch genau vor mir, könnte mit dem Bleistift die Konturen der uns umgebenden Berge

zeichnen: das Furkahorn, das Schiesshorn, den Schafrücken, die Erzhörner, das Rothorn ... Das Gebimmel der weidenden Kühe klingt in meinen Ohren, ich sehe das auf dem Boden ausgebreitete Heutuch, die Kaffeekanne. Sie faßte einige Liter Flüssigkeit, war oval, aus irgend einem Blech, hatte einen Schnabel, einen Deckel, der auch diesen Schnabel verschloß, einen Henkel, damit man die Kanne bequem tragen konnte, und einen zweiten Henkel zum Einschenken.

Daneben einen Laib Brot, ein großes Stück von hartem, würzigem Käse. Jeder hatte seine eigene Tasse, das heißt, jede Tasse hatte ein anderes Dekor. So brauchte man sie nicht nach jeder Mahlzeit abzuwaschen. Meine Tasse war wie ein Vollmond. Und der Mond rollte lustig die Augen.

Mein Vater trug immer ein ganz scharf geschliffenes Militärmesser bei sich. Mit diesem zerteilte er zuerst das Brot, dann den Käse, und dann kam das dran, worauf ich mich am meisten freute: Er wickelte aus dem Papier einen schmalen Streifen Rohschinken, an dem noch die Schwarte war, zerschnitt den Streifen in ganz, ganz feine Scheiben, die unten an der Schwarte noch zusammenhingen. Wenn die Portion für eine Person so vorbereitet war, schnitt er unten quer durch und reichte sie demjenigen, der mit Wasser im Mund dieser Prozedur zugeschaut hatte.

Jenes Fleisch hatte einen nußartigen Geschmack. Meine Großmutter bereitete es jeweils im Januar vor. Die Hinterschinken unserer dann geschlachteten Schweine wurden einige Zeit in eine ganz speziell gewürzte Salzlake gelegt, dann in der Fleischkammer zum Trocknen aufgehängt. Leider, leider weiß ich das Rezept zur Herstellung jener Salzlake nicht. Es brauchte außer Salz, Pfeffer, Knoblauch, Wacholderbeeren und Salpeter noch etwas anderes dazu. Aber wer hat heute noch eine Fleischkammer ...

Den Knochen des Schinkens, an dem immer noch Fleischresten hingen, kochte Monika in der Bündner Bohnen- und Gerstensuppe aus. Jenes Rezept kenne ich –

und jetzt gerade kommt da noch eine Erinnerung an einen Heuet und an eine Bohnensuppe:

Irgendwann während der Zeit, in der ich in der Stadt lebte, verbrachte ich meine Ferien bei einer Bauernfamilie in der Nähe meiner einstigen Heimat. Ich hatte Lust danach gehabt, wieder einmal dabei zu sein beim Heuen. Jene Familie nun machte sogar noch Wildheu, hatte ein Heuerhäuschen, freute sich auf jene schwere Arbeit, wie andere sich auf Ferien am Meer freuen. Drei Kinder waren dabei. Eines brauchte noch Windeln. Hauptperson war eine «Nana». So nennt man in Graubünden die Großmutter. Die Nana und ich – wir wurden schnell ganz dicke Freundinnen. Sie war froh, daß ich ihr die Arbeit im Heuerhäuschen abnahm. Das hieß: Wasser vom Brunnen holen, den Holzkochherd anfeuern, kochen, aufräumen, betten, Windeln waschen, Gemüse rüsten, Kaffee kochen, aufräumen, Mittagessen kochen, Wasser vom Brunnen holen, Geschirr spülen, aufräumen, Kaffee kochen, Geschirr spülen, Kaffee kochen, aufräumen, undsoweiter, undsoweiter. Da war nun also der noch mit Fleisch behangene Knochen eines Rohschinkens, da waren Lauch, Zwiebel, Sellerie, Gerste, eine Karotte, weiße Bohnen. Und die Nana wünschte, daß ich zum Mittagessen Bohnensuppe kochte.

Ich setzte die Zutaten auf den Herd. Der Knochen war so groß, daß er ein Stück über die Oberfläche des Wassers ragte. Das Feuer knisterte, das Wasser im Topf erwärmte sich. Die Oberfläche des herausragenden Knochenteils begann, sich wellenförmig zu bewegen. Ich schaute nach. Er war über und über bedeckt mit Maden, die im Fleisch verborgen gewesen waren!!! Das sich erwärmende Wasser hatte sie dort hinauf fliehen lassen. Kurz entschlossen packte ich den Topf, ging vors Haus, um das Ganze auszuleeren.

«Wohin willst du denn mit der Suppe?» fragte die Nana.

«Schau mal, wie schrecklich. Alles ist voller Maden ...»

«Aber deswegen darfst du doch die gute

Suppe nicht wegschütten», protestierte die Nana. «Das ist doch gerade das Gute daran.»

Daß sie mich nicht überzeugt hatte, sah sie wohl meinem Gesicht an.

Merke: Eine ganz gute, urechte Bündner Gerstensuppe muß – so Nana – Maden enthalten. Sie haben sogar einen eigenen Namen: «Speuzen».

Ich habe jene Suppe widerwillig fertig gekocht, beim Mittagessen Magenschmerzen vorgetäuscht. Diejenigen aber, die davon aßen, behaupteten, nur wenn Nana sie koche, sei sie noch besser.

Wohl bekomm's!

*

Heuen ist eine Arbeit, die tiefe Befriedigung geben kann. Dann nämlich, wenn sich auf dem Heuwagen Ballen um Ballen anhäuft, wenn der Heustock höher und höher wird. Am liebsten half ich mit auf jenen Weiden, deren Heu mit unserm Pferd in den Stall gebracht wurde. Da gab

es dann noch eine lustige Heimfahrt. Wir hatten auch Ställe, in die das Heu in den Tüchern von den starken Männern hineingetragen wurde. Und am aller-allerschönsten war es, wenn ein Gewitter losbrach – aber bitte erst, wenn die ganze Ernte im Trockenen lag. Dann saßen wir einträchtig im Heu, das duftete wie ein ganzer Kräutergarten. Vielleicht war noch ein bißchen Kaffee in der Kanne, vielleicht auch noch ein Stückchen Schinken da. Man saß unter der Tenntüre, schaute in den Regen, brach bei gewaltigen Blitzen in Erstaunensrufe aus. Wenn das Gewitter sich verzogen hatte, duftete nicht nur der Heustock, nein, auch die frischgewaschene ganze herrliche Welt. Mich wundert es nicht, daß wir dann auf dem Heimweg meist sangen …

Hier im Tessin hat für uns die Heuernte einen viel kleineren Stellenwert im Arbeitskalender. Die paar Landstücke, die ich kaufen oder pachten konnte, sind winzig. Dort, wo ich früher den Heubedarf für das ganze Jahr erntete, in Cortino, ist heute der biologische Garten. Damit ist jener Boden besser genützt und bietet den Lebensunterhalt für zwei Familien. Gualtiero und Ettore sind aber froh, wenn wir ihnen einen Teil ihres Heus abnehmen. So ist wiederum allen geholfen.

*

Das Sommerbild wäre unvollständig, würde ich Lydia vergessen. Sie hütet vom fünfzehnten Mai bis am fünfzehnten Oktober ihre beiden Kühe auf dem Gemeindeland. Während zwei, drei Stunden am Morgen und am späteren Nachmittag treibt sie sie vom Stall unterhalb unseres Hauses durch den Wald und dann auf den Fußballplatz beim Fluß. Das Gras ist dort mager – aber Lydia führt ihre Kühe auf dem Heimweg ganz langsam ein Stück weit dem Fluß entlang. Dort gedeihen würzige Kräuter, Brunnenkresse zum Beispiel. Lydia setzt sich auf einen Stein, nimmt ihren Strickstrumpf oder eine jener komplizierten Häkelarbeiten hervor. Sie häkelt ich weiß nicht wieviele hundert gleich große Müsterchen aus feinstem Garn und setzt sie dann zu einer Decke zusammen. Wenn's regnet, macht Lydia ihre Arbeit haargenau gleich, zieht eine Jacke über, häkelt, spannt ihren riesengroßen Regenschirm auf und hört dem Trommeln der Regentropfen zu. Lydia hat mich etwas gelehrt: schlechtes Wetter mit Gleichmut zu ertragen ...

Lydia hat mich gelehrt, schlechtes Wetter mit Gleichmut zu ertragen

Herbst

Gegen Ende August wird es hier Herbst. Da gibt es noch ein paar jener Tage, in denen der Sommer sein Abschiedsfest gibt. Warme Tage mit klarer Luft, die die Konturen der Berge näher rücken läßt. So wie es ein Frühlingsahnen gibt, so spüre ich auch jene Erwartung des Herbstes. Nicht mit Tatendrang, eher mit dem Wunsch, die Hände in den Schoß zu legen, auszuruhen, mich hinzusetzen, zu schauen und – das vor allem – zu genießen. Die Tage werden kürzer. Wir entzünden abends gerne das Kaminfeuer, sitzen darum herum, spinnen, stricken, singen.

Letztes Jahr war es so, heuer wird es hoffentlich wieder so sein, daß das «Nani» uns besucht. «Nani» ist eine – ja, wie sagt man dem nun? – Zärtlichkeitsform von «Nana». Auch sie eine Großmutter, mehr als achtzig Jahre alt, aber – man verzeihe mir das Wort, sie ist fit. Fit im Geist, fit in dem, was sie denkt und tut und wie sie spricht. Vor ein paar Jahren schon hat sie sich in einem Altersheim angemeldet, dann schließlich auch einen Platz bekommen.

Ein paar Monate später suchte sie sich wieder eine eigene kleine Wohnung, zog aus dem Heim aus.

«Die Schnupperlehre dort ist mir gar nicht gut bekommen», erzählte sie mir. «Ich litt unter Depressionen, war unglücklich, weil ich nichts mehr zu tun hatte.»

«Komm doch ein bißchen zu uns. Auch Onkel Arthur wird sich freuen, Gesellschaft zu haben.»

Unser Nani kam «für ein paar Tage». Ihr Gepäck bestand aus einer Einkaufstüte aus Plastik. Nach einer Woche wollte sie wieder heim. Sie hatte keine «anständigen» Kleider mehr. Wir bettelten, baten, sie verlängerte die paar Tage, kochte Speisen, die ich teilweise seit meiner Kindheit nicht mehr gegessen habe – Soßenkartoffeln zum Beispiel. Ich bin sicher, sie genoß es, bei uns zu sein. Aber noch viel mehr genossen wir es, sie hier zu haben.

Zum Essen trank sie gerne ein Glas Wein. «Nani, du hast aber einen guten Zug», sagte ihr Enkel, der sie uns gebracht hatte. Das Nani lächelte vor sich hin.

«Ja, das ist mein bester Zug.»

Wir können aber bestätigen, daß sie noch viele noch viel bessere Seiten hat.

Am Morgen geht sie in einem adretten rosaroten Pyjama mit Spitzenverzierung zur Dusche, die weißen Haare hängen in einem ordentlichen Roßschwanz über den Rücken, ihre blauen Augen strahlen.

«Hübsch, mein Baby-doll, nicht wahr!»

*

Ende September neunzehnhundertzweiundachtzig, als der große Regen begann, gefiel es dem Nani nicht mehr so sehr bei uns. Aber sie blieb. Genau ein Jahr vorher schon hatte eine durch einen großen Regenfall ausgelöste Steinlawine unser Lädeli verschüttet. Wir gedachten jenes Unglücks, das uns unendlich viel eklige Arbeit gebracht hatte. Anfangs August nun waren die Aufräumearbeiten so weit beendet gewesen, daß wir – diesmal eben mitten im Schuttkegel – unser Lädeli wie-

derum eröffnet hatten. Um die Trostlosigkeit der vielen Steine zu mildern, hatten wir Sonnenblumen gepflanzt.

Nicht einmal zwei Monate waren seit dem Öffnungstag verstrichen. Da regnete es nun wiederum wie im Jahr zuvor. Vorsichtshalber stellten wir jene Waren, die durch die Feuchtigkeit am meisten leiden konnten, auf die Regale. Einen Teil transportierten wir zum Haus. Dann aber konnten wir nichts mehr tun. Es regnete so stark, daß uns durch einen Wildbach der Weg zur Brücke abgeschnitten war. Wir saßen am Fenster, sahen, wie der Fluß von Viertelstunde zu Viertelstunde höher anschwoll. Die Talstation der Seilbahn stand wieder unter Wasser ... und dann stauten sich etliche Autos dort, wo letztes Jahr die Erd-Lawine die Straße entzweigeschnitten hatte. Sie war nochmals losgebrochen. Diesmal hatte der Regen auch weiter vorne im Tal ein Straßenstück weggerissen. Aber auch diesmal war ein Schutzengel dabei: körperlichen Schaden hat niemand erlitten. Aber unser Lädeli war nun

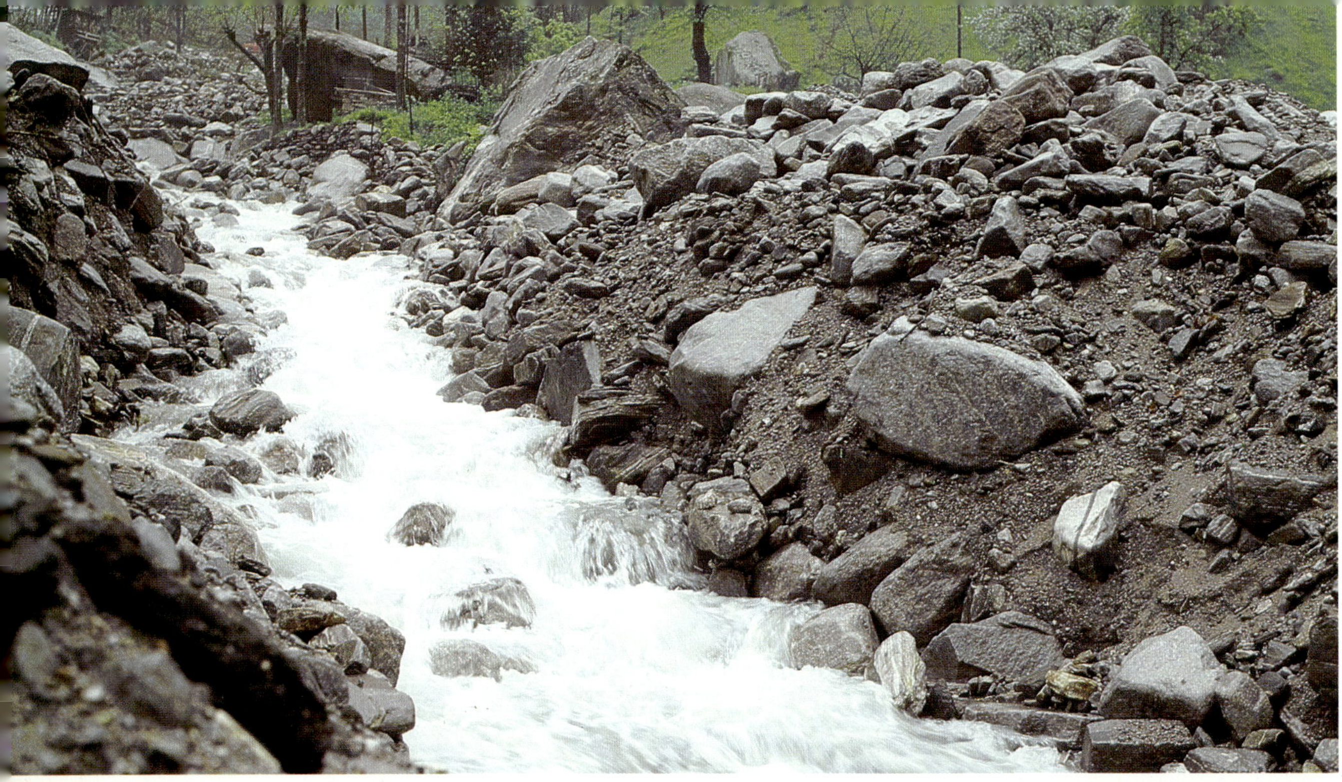

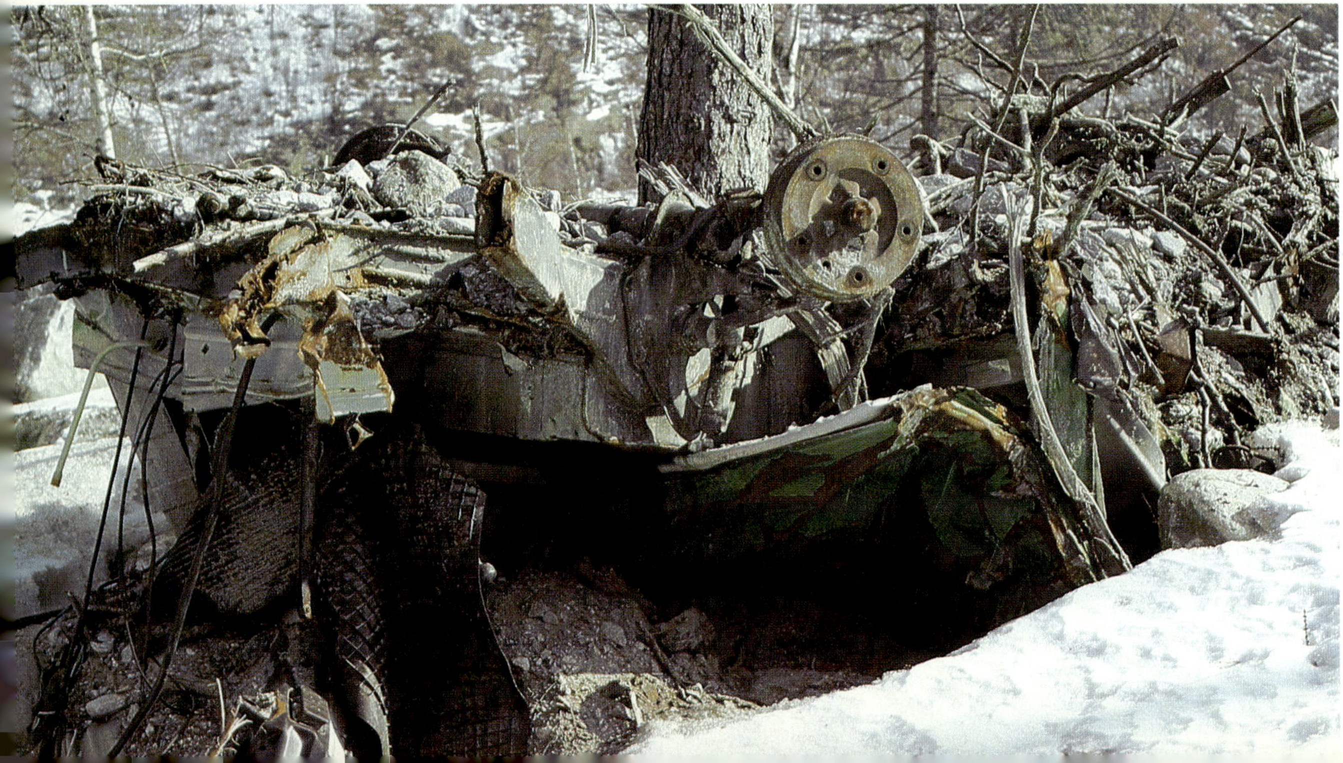

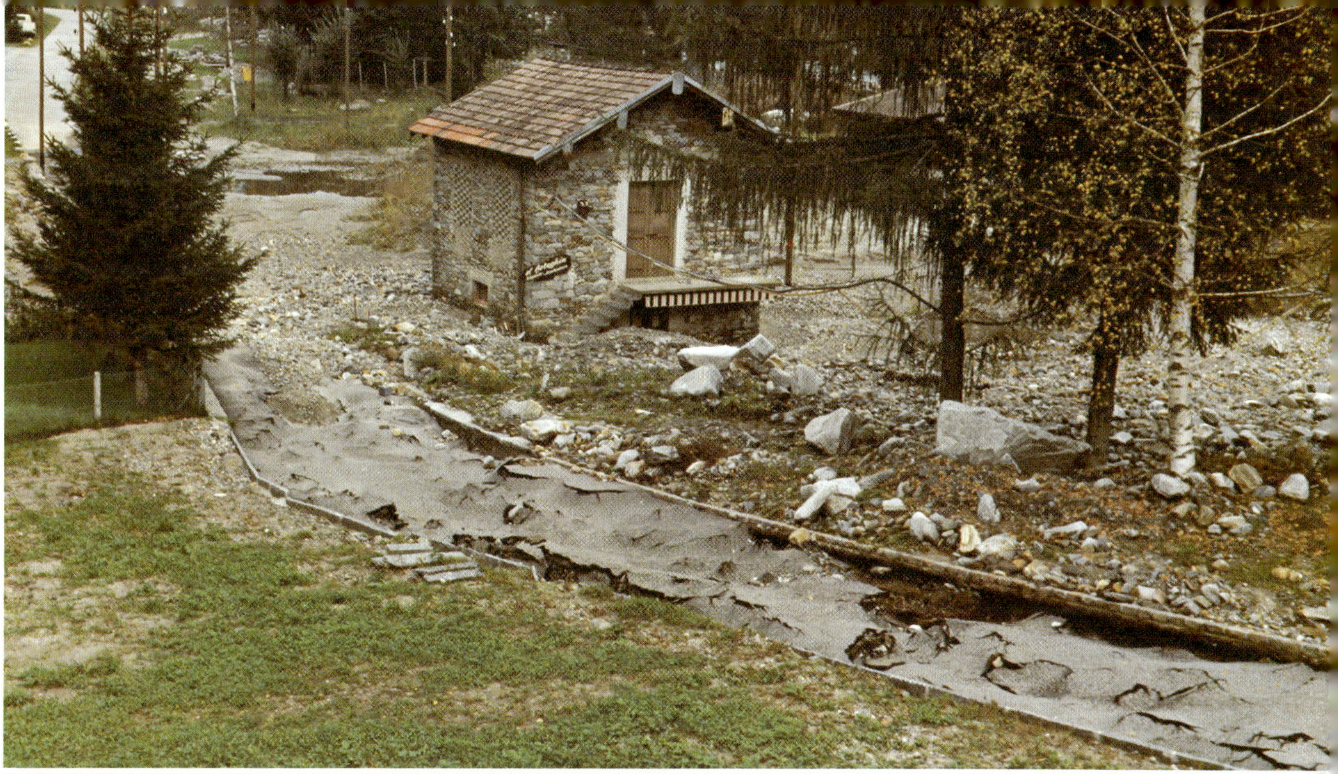

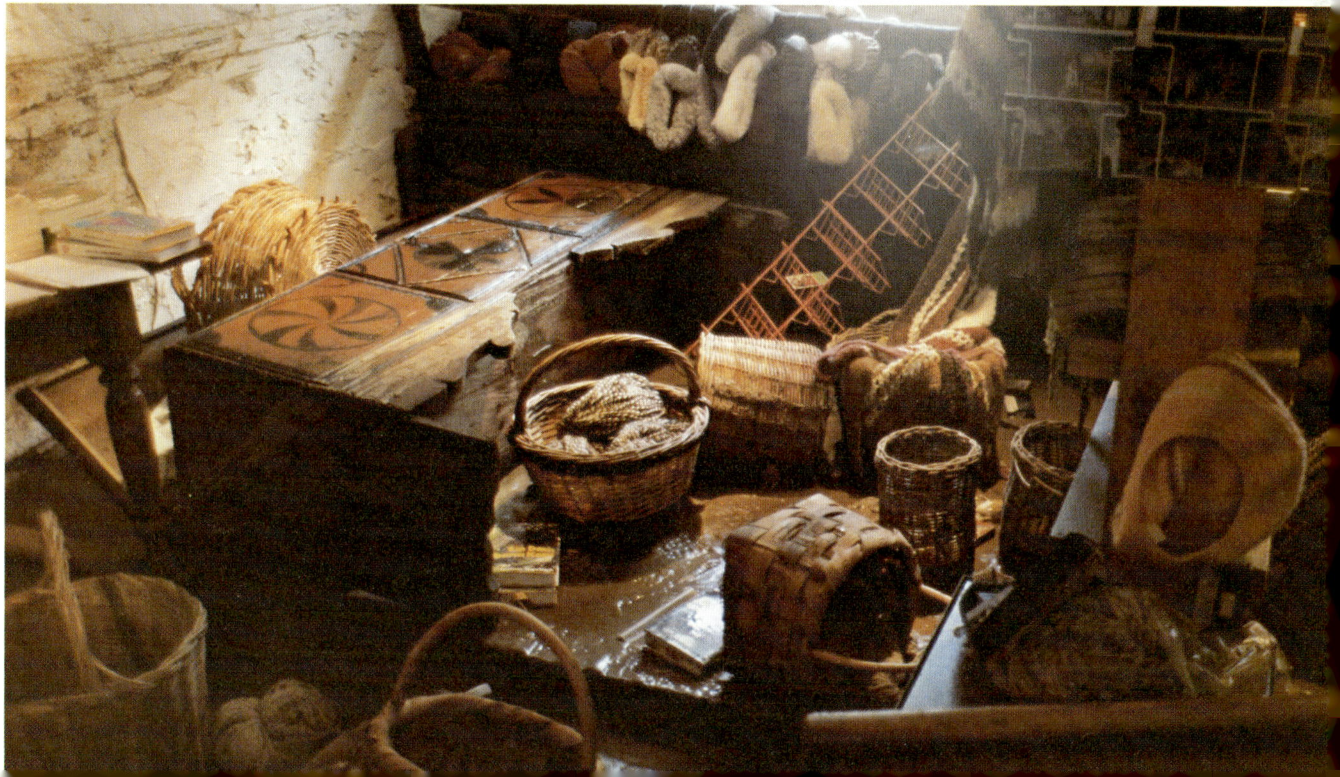

endgültig zerstört. Mich schmerzt es jedesmal, wenn ich an ihm vorbeifahre.

Wir saßen nun da mit Bergen von handgesponnener Wolle. Im Oktober kaufen unsere Besucherinnen am meisten Wolle. Weil man dann eben wieder Lust zum Stricken hat, weil es Weihnachtsgeschenke zu machen gilt. Letztes Jahr war unser Laden zu jener Zeit verschüttet gewesen, dieses Jahr nun war er es wieder. Und Lina spann für uns – zählte auf das Geld, das sie damit verdiente. Und wie Lina gab es noch ein paar andere Frauen, die spannen und strickten. Mußte ich ihnen nun ihre Arbeit aufkünden?

Unsere Köpfe dachten, bis sie rauchten. Was macht einer, wenn er Leute zu beschäftigen, Ware zu verkaufen, aber kein Geschäft hat? Er muß sein Erzeugnis irgendwie anpreisen. Mir scheint, er darf auch erklären, weshalb er im Moment kein Geschäft hat. Wir bekommen so viele Beweise der Sympathie, daß wir es gewiß wagen durften, an unsere vielen Freunde zu appellieren. Ich tat's, indem ich unser Mißgeschick in jener Zeitung schilderte, wo monatlich eine Kolumne von mir erschien.

Die Reaktion war gewaltig, hat uns gezeigt, daß wir den rechten Weg gehen. Berge von Briefen trafen bei uns ein, von Freunden, die uns um Farbmusterkarten baten.

Unser Wohnzimmer wurde zur Werkstatt zur Anfertigung von Musterkarten. Uns allen voran war Nani Musterkarteneinfädlungsspezialist. Susi wurde Versandabteilungschef, wog Wolle ab, schrieb Rechnungen, spedierte unzählige Pakete zur Post. Gottlob hat Lina eine Schwägerin, die auch gut spinnen kann. Wir brauchten mehr Hilfskräfte, um alle Bestellungen rechtzeitig ausführen zu können, denn unser Wolleberg war im Hui aufgebraucht.

Wie gut weiß ich's, daß es diejenigen gibt, die nun mit dem Finger auf mich zeigen: «Seht hin auf die Geschäftsfrau, die sie halt geblieben ist!»

Als ob das eine Schande wäre.

Wir tun doch im Grunde genommen etwas sehr Einfaches: Wir leben an einem Ort, der uns gefällt, und versuchen, uns hier mit Arbeit, die uns Spaß macht, durchzubringen. Ich weiß, daß hier Produziertes gesucht ist. Zum Beispiel Marmeladen hiesiger Früchte, zum Beispiel Wolle der hiesigen Schafe, von Hand gesponnen und mit Pflanzen gefärbt. Wenn wir sie selbst verstricken und verweben, macht uns das zwar noch mehr Arbeit, aber auch noch mehr Spaß.

Lina hat Arbeit, Gabi hat Arbeit. Daß ich dank meiner Schreibarbeit – die mir auch Spaß macht – diese Tatsachen besser bekannt machen kann – wer würde das an meiner Stelle nicht tun?

So laß' ich die wenigen, die also mit dem Finger auf mich zeigen, mit ihrem Finger auf mich zeigen, bis sie müde werden, und freue mich viel lieber an den Unzähligen, die unsere Freunde geworden sind. Und gerade jetzt, genau in diesem Moment, weiß ich, wem ich dieses Buch widmen werde, um dafür dankeschön zu sagen.

Der späte Herbst bringt hier einen Farbenreigen, den zu beschreiben ich nicht fähig bin. Auch Fotos vermögen jene Klarheit der Luft nicht einzufangen. Wer sie erleben will, muß hierherkommen. Aber erst anfangs November. Einer, der dann Zeit hat, kann durch die Wälder streifen, Kastanien im bunten Laub suchen. Sie sind hier zwar klein – aber mir scheint immer, daß sie viel besser schmecken als diejenigen «vom Piano», von der Ebene. Man kann aus Kastanien herrliche Desserts machen. Aber es würde uns nie einfallen, bei uns zu Hause gebratene Kastanien zu essen. Solche gehören zu «unserem» Grotto zuhinterst im Tal. Man sucht sich also Kastanien, pilgert abends ins Grotto, wo Paolo sie am Kaminfeuer für uns zubereitet. Einfachstes, herrliches Nachtessen! Jeder nimmt sich eine Handvoll der dampfenden Früchte, schält sie. Die Hände werden dabei rußig – was macht's schon? – und hie und da hat einer auch einen schwarzen Fleck im Gesicht – was macht's schon? Dazu trinken wir ein Boccalino Rotwein,

Gabi und Susi spielen Gitarre, singen, wir singen auch.

Nach dem Allerseelentag nehmen wir Abschied von unseren Grottofreunden. Jetzt wird's hier zu kalt. Teresina wohnt zwar im Tessin, verspricht uns seit Jahren, uns im Winter einmal zu besuchen. Miriam kehrt zurück in ihr Heimatdorf in der Nähe von Venedig. Susi verspricht ihr seit Jahren, sie im Winter einmal zu besuchen – und im Frühling, genau am ersten Mai, da sehen wir uns dann alle wieder. Oh, daß es doch nie Winter würde!

Aber vorerst dauert unser Herbst noch eine Weile. Oft schneit es erst anfangs Januar. Für mich ist eine Jahreszeit ohne Schnee kein Winter – bleibt also Herbst.

Wie ich jene Zeit liebe! Die Felder sind braun-beige geworden. Die Natur schläft. Die Fensterläden vieler Häuser stehen geschlossen. Die Häuser schlafen. Auf den Gräbern sind die Allerseelen-Blumensträuße verwelkt. Die Toten schlafen. Nur ein paar Schafen, nur ein paar wenigen Leuten begegnet man. Zum Beispiel Emilia, wenn sie abends ihre Tiere besorgt, zum Beispiel Alain, der mit einem Korb versehen in den Blättern unter einem Nußbaum wühlt.

Die Geschichte von Alain hätte ich eigentlich schon längst erzählen sollen. Er hat sie mir extra aufgeschrieben, denn um die Geschichte herum entstanden so viele Zusatzgeschichten, daß ich zuletzt nicht mehr wußte, was daran wahr und was daran erfunden war.

Alain ist das, was man wahrlich einen «Aussteiger» nennen kann. Er ist Sohn eines sehr begüterten Vaters, hat Sanskrit studiert – und dann beschlossen, sein Leben in der freien Natur zu verbringen. Jetzt mag er gegen vierzig Jahre alt sein.

Sein hübsches Häuschen ist eine gute Wegstunde über dem nächstgelegenen Dorf. Alain pflanzt gut haltbares Gemüse, auch Sojabohnen gedeihen bei ihm – auf immerhin eintausendzweihundert Metern über Meer. Er sucht Wildfrüchte, Brunnenkresse, Kastanien, Mispeln oder – eben

Baumnüsse, die er dann verkauft. Eine Zeitlang hielt er auch eine kleine Ziegenherde. Man kann Alain auch im Winter barfuß antreffen. Schuhe zieht er bloß an, wenn er auf gesalzenen Straßen gehen muß. Und er erzählt mir, daß er Feuer nur entfacht, um zu kochen – sonst aber im kalten Raum sitzt.

Würde Alain nicht so asketisch leben, hätte er seinen Unfall wohl kaum überlebt. Dieser Unfall ist eben Alains Geschichte. Er hat sie überschrieben mit «La caduta del capraio – der Sturz des Ziegenhirten». Mit einer Schrift, die einen gebildeten, sensiblen Menschen verrät, steht da:

«Es war am ersten November neunzehnhundertachtzig. Seit drei Tagen hörte ich das Gemecker (‹Piangere – weinen› heißt das) einer meiner Ziegen von einer der Terrassen her, wo Wildheu wächst. Ich war müde und erwartete den Besuch eines Lehrlings, der mir im achten Winter hier oben helfen sollte.

Morgens um zehn Uhr ertrug ich das immer verängstigter tönende Gemecker der Ziege nicht mehr. Eine halbe Stunde brauchte ich, um sie zu finden. Sie war eingeschlossen auf einem schmalen Felsband. Der Durchgang zur nächsten Wiese schien nicht schwierig zu sein, aber ein Hinterbein des Tieres war verstaucht. Ich schaffte es nicht, sie zum Begehen dieses Durchgangs zu bewegen, weder indem ich sie schob oder an den Hörnern oder am Halsband zu ziehen versuchte. Schließlich glitten wir aber beide über das Felsband hinunter. Ich schlug dabei mit dem Kopf an einen Stein und verlor das Bewußtsein. Gegen drei Uhr erwachte ich wieder. Die Sonne war untergegangen. Ich sah auf meine blutenden, geschundenen Hände. Es machte mir unsägliche Mühe, mich zu bewegen. Ich fror und versuchte, mich mit dem Gras irgendwie zuzudecken. Weit weg hörte ich die Schläge einer Axt, versuchte, um Hilfe zu rufen. Aber dazu hatte ich keine Kraft.

Ich schaute um mich. Ich war bewußtlos gegen einhundert Meter weit den Steilhang heruntergekollert und schließlich durch

Daß hier wohnen nicht nur romantisch ist,
zeigt Alains Geschichte

einen Birkenstamm aufgehalten worden. Noch ein paar Meter weiter – und dann wäre ich über eine zweihundert Meter hohe Felswand gestürzt. – Einen Augenblick lang überlegte ich, ob das nicht besser für mich gewesen wäre. Es waren eigentlich keine Schmerzen, die mich leiden ließen. Es war viel mehr das Gefühl der Kälte und die Unfähigkeit, mich zu bewegen – und schließlich das Wissen, daß ich kaum auf irgendwelche Hilfe hoffen durfte. Ich versuchte, mich etwas zu bewegen. Wenn diese Birke meinen Sturz aufgehalten hatte, hatte meine letzte Stunde vielleicht doch noch nicht geschlagen. Dann gab es mir auch Kraft, wenn ich an meine geliebten Tiere dachte.

Mit der linken Hand einzig konnte ich mich langsam hochziehen, mich schließlich anlehnen und umdrehen. Es war nicht Kraft, es war einfach Wille zum Leben.

Ich schaute meine Hand an, befahl ihr, sich zu bewegen, sich hierhin und dorthin zu legen. Langsam gehorchte sie. In mir drin war auch ein nervöses Lachen.

Gegen Abend hatte ich es geschafft, den fünf Meter über mir durchgehenden Weg zu erreichen. Ich nahm einen kleinen Stein zwischen die Finger und bat ihn, mich nach Hause zu tragen! Zentimeter um Zentimeter kroch ich auf dem Weg gegen mein Haus, das letzte Wegstück, einen steilen Hang, kroch ich kopfvoran hinunter, mir immer der Gefahr bewußt, wieder herunterzukollern. Es war unterdessen Nacht geworden, aber nicht ganz dunkel. Schließlich langte ich beim Haus an. Die Türschwelle – eine glatte, große Steinplatte, war schwierig zu überwinden. Für das Besteigen der Treppe zum Schlafzimmer verbrauchte ich meine allerletzten Kräfte. Als ich am Morgen erwachte, lag ich immer noch halbwegs auf der Treppe. Ich kroch dann irgendwie zwischen meine Decken, schaute hinauf zu den Dachbalken, die ich kürzlich mit Maiskolben behängt hatte. Eigentlich war es schöner, hier zu sterben als in einem Spital.

Die Schmerzen erwachten wieder. Ich dachte an die glücklichen Jahre, die ich hier verbracht hatte. Die Ziegen kamen hie und da in den Raum, die Katze kratzte hie und da am Fenster, ging wieder.

Am dritten Tag hörte ich auch jene Ziege meckern, die mit mir gestürzt war. Sie hinkte immer noch. Das hörte ich am unregelmäßigen Bimmeln ihrer Glocke.

An jenem Tag entstand ein neues Problem: Ich mußte aufs Klo – und immer mit diesem nervösen Lachen in mir drin wußte ich, daß ich nicht bereit war, mein Bett zu beschmutzen. Es war zwar schon voller Blutflecken – aber dem Geruch eines verletzten Körpers auch noch jenen Geruch beifügen ...

«Auch der Tod braucht seine Würde», sagte ich mir immer wieder. Ich schleppte mich jene zwei Meter weit, bis zur Türe – um draußen zu machen. Jene wenigen Bewegungen sind in meiner Erinnerung schmerzhafter als meine Heimkehr zum Haus.

Ich war bewußtlos, erwachte hie und da ...

Der Durst verbrannte mir die Kehle und war schuld, daß ich schließlich über die Treppe hinunterzugleiten versuchte – auch mit dem Risiko, nicht mehr zurückkehren zu können. Ich schaute auf die Uhr: Dreiviertelstunden brauchte ich, um die sieben Treppenstufen zu überwinden. Ich schaffte es, ein Feuerchen anzufachen, ein paar Haferflocken einzuweichen, die Brühe zu trinken. Und dann schaute ich mich im Spiegel an.

Am vierten Tag – mit immer bohrenderen Schmerzen im Rücken, den Rippen, in den Zähnen, dem einen Auge, dem rechten Arm – hörte ich das Geräusch eines Helikoptermotors. Ich fühlte mich so schlecht und brauchte so viel Zeit, zum Fenster zu gelangen, daß er schon wegflog, als ich dort ankam. Vielleicht würde er nochmals zurückkehren – auf jenen Platz, den ich mit großer Mühe seinerzeit bereitet hatte, mit der Überlegung, daß es vielleicht einmal nötig sei, hier einen Landeplatz zu haben. Fünfzig Meter vom Haus weg ist er – aber vom Haus aus sieht man ihn nicht.

Als der Helikopter das Haus wieder über-

flog, schaffte ich es, mit einem Leintuch zu winken. Die Maschine landete, flog aber nach einigen Minuten weg – und nun verfiel ich in eine tiefe Hoffnungslosigkeit.

Aber dann entschloß ich mich, alle großen Stoffstücke, die irgendwie farbig waren, herauszulegen. Vielleicht ...

Am zehnten Tag kamen Freunde zu mir: ein Paar aus dem Jura. Ich vermag mich an ihre Überraschung nicht zu erinnern. Sie ist Krankenschwester und schaffte es, ihre Ruhe zu bewahren. Sie brachten mir auch Post mit – darunter einen Brief des erwarteten Lehrlings – daß er am elften und nicht am ersten November zu kommen gedenke. Schließlich verhinderte der aufgekommene Nebel, daß der Rettungshelikopter landen konnte. Meine Freunde trugen mich auf einer Bahre hinunter, glitten auf dem Weg aus – es hatte unterdessen geschneit – und ließen mich dabei zweimal fallen. Die Röntgenaufnahmen zeigten einen doppelten Bruch des Hüftknochens, drei rechtsseitige Rippen gebrochen, zwei linksseitige gequetscht, das rechte Handgelenk und das Gebiß zerstört, einige Muskelzerrungen, Verschiebungen der Rückenwirbel, ein Auge total vom Blut verklebt. Ich wog noch vierzig Kilogramm, also zehn weniger als vor dem Unfall. Aber mein Inneres funktionierte normal – und die Brüche schienen gut zu verheilen. Ein paar Wochen im Spital brauchte ich, und dann ging ich heim, auf meinen Berg, zu meinen Ziegen ...»

*

Zum Herbst gehört auch die Weinernte. – In ganz, ganz sonnigen Jahren reifen sogar bei uns die Trauben. Die Reben hier wurden wohl allesamt gepflanzt, damit die Blätter eine Pergola bedachen, denn die Trauben sind und bleiben sauer.

«Sauer, daß es einem den Hemdzipfel hineinzieht», sagte Susi, als sie eine der Beeren, die ihr Gualtiero geschenkt hatte, zerbiß. Gualtiero lachte bloß ...

«Ihr könnt ja Wein daraus machen – oder wenigstens Essig.»

Und damit stellte er das Kistchen vor uns hin und ging.

«Konfitüre», beschlossen wir dann. Aber damals war gerade Bruno aus Bergamo bei uns – und der war von der Idee, Wein zu keltern, begeistert. Bruno ist Schreiner, aber Sohn eines Weinbauern. Ich glaube, ich darf ihn mit gutem Recht als Heimweh-Weinbauern bezeichnen.

Wir kauften, hauptsächlich Bruno zuliebe, ein paar Kistchen Trauben zu den sauren Früchten Gualtieros hinzu. Verschiedene Mitbewohner unseres Dorfes haben Weinberge in der Magadinoebene – und alle waren nun neugierig, was aus unserem Wein würde.

«Dein Keller ist vermutlich zu kalt», warnte mich Rico.

«Was meinst du, Bruno?»

Bruno ließ sich nicht abschrecken.

«Dann müssen wir den Saft eben ein bißchen aufwärmen, bis er gärt.» Vorerst wurden unsere Trauben gepreßt.

«Gekeltert», widersprach Susi.

Wir gaben sie – es waren etwa zwanzig Kilogramm – in einen Behälter und quetschten die Beeren mit einem Kartoffelstößel.

«Früher tat man das mit den bloßen Füßen», belehrte uns Bruno.

Als gute Hausfrauen zogen wir aber die Kartoffelstößelmethode vor.

Nun mußte oder sollte unser Wein also gären.

Bruno rief uns jeden Abend an. Getreulich gingen wir in den Keller, hielten unser Ohr an den Wein. – Er gärte nicht!

Nach ein paar Tagen trat das Hilfsprogramm in Funktion. Wir erwärmten im größten Kochtopf, den wir besitzen, eine Portion Wein. «Aber ja nicht mehr als auf vierzig Grad Celsius», befahl Kellermeister Bruno.

Jeden Abend rief er an.

Jeden Abend «horchten» wir an unserm Wein.

Nichts.

«Nochmals eine Portion wärmen!»

Nichts.

Nun gelangten wir zu Punkt zwei des Hilfsprogramms. Zucker beifügen. Wir lösten etwas Zucker in auf vierzig Grad erwärmtem Traubensaft auf.

Wieder Telefon, wieder Horchversuche. Nichts.

Hefe war das dritte Hilfsmittel für unsern ungehorsamen Wein.

Wir lösten Frischhefe mit etwas Zucker im warmen Saft auf, fügten ihn zum restlichen Saft, warteten, horchten. Zwei, drei Tage später war es dann soweit: unser Wein knisterte.

Klar, daß Susi und ich auf diesen ungeheuren Erfolg mit dem neuen Wein anstoßen mußten.

Er schmeckte ganz genau wie neuer Wein, den man in der deutschen Schweiz «Sauser» nennt, nur war er saurer. Sausen tat er eigentlich nicht, deshalb tauften wir ihn um in «Knisterer».

Täglich probierten wir das fortschreitende Stadium unseres Weines. Wir taten noch mehr Zucker dazu, weil er auch gar zu sauer war. Schließlich schmeckte er ganz fein. Er knisterte brav – und eines Tages verstanden wir dann auch den Ausdruck «Sauser». Er sauste nämlich in unseren Köpfen!

Bruno besuchte uns, kontrollierte die Fortschritte unseres Weins, stellte fest, daß es aus den zwanzig Kilogramm Trauben verdächtig wenig Wein gebe . . .

Nächste Woche sei es dann Zeit, den Wein in eine Korbflasche umzufüllen. Das wollte Bruno selbst machen.

Wir konsumierten weiterhin unser tägliches Gläschen Wein – natürlich bloß, um die Fortschritte der Gärung auf unserer Zunge zu spüren – und die entnommene Flüssigkeit ersetzten wir durch Wasser.

Bruno füllte schließlich die von den Traubenresten gefilterte Flüssigkeit in die mitgebrachte Korbflasche.

«Rosé vom Acquaverdetal», brummelte er vor sich hin. «Komisch, diese helle Farbe . . .»

Zu unserer Ehre sei's gesagt: die abgefüllten Flaschen ließen wir unangetastet. Susi entwarf eine entsprechende Etikette – und – ich glaube, es war am Carnevale – da versuchten wir, was aus Traubensaft, Zucker, Hefe und Wasser geworden war. Schlecht hat dieser Wein gar nicht geschmeckt.

Und Bruno schaute uns zweifelnd und fragend an, weil die Farbe halt immer noch Rosé war.

«Ich glaube, ihr zwei macht nächstes Jahr lieber Wein aus Holunderblüten. Der Keller ist für Trauben einfach zu kalt.»

«Prosit!»

*

November und Dezember sind jene Monate, wo ich mein Haus und «meine Familie» für ein paar Wochen verlasse, um in der deutschen Schweiz Bücher zu signieren und Lesungen zu geben. Bevor ich die Kleider «für schön» hervorkrame, den Fahrplan studiere, den Koffer packe, erstelle ich Listen. Da kommt mir dann eben die Tatsache zugute, daß ich fürs Leben gern Listen aller Art mache ...

Meine Wegreis-Listen sind einerseits ein Arbeitsplan und andererseits ein Menuplan. Letzterer bringt gleich auch noch eine Einkaufsliste, denn wenn meine Zugs-Abfahrtszeit nicht mit einem einigermaßen vernünftigen Busanschluß zusammenfällt,

dann fahren wir mit unserem kleinen Pfupfauto nach Locarno. Längst sind wir es gewöhnt, solche Reisen so zu kombinieren, daß Einkäufe, Zahnarztbesuche, sogar Theaterbesuche aneinandergekoppelt werden.

Aber ich wollte von meinen Listen erzählen. Wer immer gerade bei mir ist: Ich habe bemerkt, daß es wichtig ist, während einer Abwesenheit Aufgaben und Kompetenzen jedes einzelnen schriftlich festzuhalten. Das erspart Ärger darüber, daß etwas nicht erledigt wurde, weil jeder meint, das sei Aufgabe des andern. Und dann ist es auch so, daß es jedem Spaß macht – oder sollte ich sagen, daß jedes sich geehrt fühlt –, für etwas verantwortlich zu sein.

Wenn zum Beispiel Bubu Chef der Tiere ist, beobachtet sie sie viel aufmerksamer. Sie müßte ja Maßnahmen ergreifen, wenn etwas nicht stimmte. Wenn Alice Chefköchin wird – und bei guter Arbeit Komplimente einheimst –, eines verantwortlich für die Heizungsabteilung (also für das Spalten und Transportieren des Holzes) sein darf, da erledigen alle ihre Arbeit mit viel mehr Hingabe und somit Freude daran. Natürlich gibt's auch bei uns Arbeiten, über die der damit Betraute die Nase rümpft. Katzenkistchen putzen zum Beispiel. Aber diese «Ehren» kann man ja alternierend verteilen.

Während ich nun diese Gedanken zu Papier bringe, überlege ich mir, ob ich die Kompetenzliste auch weiterführen soll, wenn ich wieder da bin. Welche Arbeiten dann für mich übrigbleiben, wird sich zeigen. Vermutlich wird es dann so sein, daß ich zum Beispiel das Amt des Katzenkistchenputzers übernehme, um mit meinem Beispiel zu beweisen, daß ich auch unbeliebte Arbeiten erledige. Manchmal allerdings ist es nicht ganz einfach, täglich, stündlich mit dem guten Beispiel voranzugehen. Aber mir scheint dies doch der geradeste und erfolgreichste Weg zu einem ersprießlichen Zusammenleben mit jungen Leuten zu sein. Das und die persönliche Zuwendung, die jedes von ihnen braucht.

Und dann kommt die betroffene Frage, ob es vielleicht daran liegt, daß unsere Jugend unzufrieden ist: Daß wir ihr zu wenig Verantwortungsgefühl zutrauen. Daß wir zu wenig mit dem guten Beispiel vorangehen. Daß wir zu wenig auf sie, auf ihre Ideen, Ansichten und Träume eingehen?

*

Und dann fahre ich also weg, durchs Tal, in dem der Herbst in allen Farben jubelt, fahre durch den Gotthard, und auf der Alpennordseite herrscht ein derart stockdicker Nebel, daß mir scheint, der Eisenbahnzug müßte darin stecken bleiben. Dies ist jedesmal der Moment, wo ich mich an die Geschichte mit dem Novemberschatz erinnere:

Ob es mein Vater oder meine Mutter gewesen ist, der oder die mich schon als kleines Kind anregte, die Schätze meiner Umgebung zu suchen, weiß ich nicht mehr. Je älter ich aber werde, desto glücklicher bin ich, gelernt zu haben, auf verborgene Schätze zu achten – in welchem Bereich sie immer zu finden sind.

Solange ich noch in der Stadt wohnte, waren für mich die Novembertage diejenigen, wo es mich am meisten reizte, die Schätze zu suchen. Weil sie dann am verborgensten, am tiefsten vergraben sind. Welche Freude kann man schon einem solchen Arbeitstag abgewinnen: man geht ins Geschäft, wenn es draußen noch dunkel ist, kehrt heim, wenn es wiederum dunkel ist. Und nicht bloß dunkel. Auch meist neblig. Und kalt. Und die Leute um einen herum empfinden dasselbe, sind mißmutig, mürrisch. Da steckt man dann in jener Spirale drin, die sich abwärts dreht, hinein in die Melancholie. Man sieht bloß noch das Triste, Negative, tut die Arbeit, was immer es auch sei, mißmutig und unlustig – und stellt noch mißmutiger fest, wieviel, auf diese Art erledigt, schlecht erledigt wird. Nochmal eine Drehung nach abwärts.

Und da, gerade da, kann ein Schatzsucher fündig werden. Indem er zum Beispiel

irgend jemandem, den er gar nicht besonders gut mag, etwas Freundliches sagt – keinen Schmus.

Der Schatzsucher versucht bewußt, bei seinem Gegenüber eine gute Seite zu entdecken und ihm diese Entdeckung in Form einer Anerkennung mitzuteilen. Ich weiß, es gibt auch jene Menschen, an denen man auch beim allerbesten Willen nichts, aber gar nichts mehr Lobens- und Liebenswertes entdecken kann – aber die sind doch sehr in der Minderzahl. Sich darüber Gedanken zu machen, wie man nun seinem Mitmenschen seine Anerkennung mitteilen soll, durch ein paar gesprochene Worte, durch eine hingelegte Notiz, durch ein Stück Schokolade oder eine Blume oder durch ichweißnichtwas, auch das vermag einen aus dem Novembertrüb herauszureißen.

Wenn ich nun vom Novembertrüb rede und damit auch das trübe Wetter meine: man kann zum Beispiel eine Mittagspause oder den abendlichen Heimweg dafür verwenden, bewußt die Schönheiten dieses nebligen Monats zu suchen. Sogar in der Stadt kann man sie finden, sogar mitten in Asphalt und Beton.

Ich erinnere mich zum Beispiel immer im November an das Käppelijoch, jenes gotische Kapellchen, das in Basel auf der Mittleren Brücke steht. Es ist bloß noch ein winzig kleiner, leerer Raum, verziert mit einem wunderschönen Schmiedeeisengitter. Sogar das Ornament des Gitters könnte ich noch nachzeichnen, weil es mir immer besonders gut gefiel und so geheimnisvoll vorkam, wenn die kühlen, feuchten Nebelschwaden des darunterfließenden Rheins durchzogen. Solche Orte gibt es überall. Solche Schätze kann man überall finden und dann das Glücksgefühl, das sie einem geben, andern mitteilen.

Ich habe nun sogar begonnen, gewisse Schätze in meine geheime Truhe zu legen. Ich will sie jetzt noch nicht auskosten, spare sie mir lieber für jenen Moment auf, wo mein Alter oder meine Gesundheit mir vielleicht nicht mehr erlauben, dies oder das zu tun, was ich eigentlich gerne möchte. Wo ich aus irgend einem Grund bedrückt bin, etwas nötig habe, das unerreichbar scheint, wo mich jemand enttäuscht und ich Trost brauche.

Wer einen Blick in diese Truhe tun will: da liegen unzählige Katzenfotos drin, die ich ordnen möchte. Wer weiß, vielleicht gibt es dann ein Katzenbuch draus, das auch andere Katzennarren erfreut. Da liegen etliche Lieblingsbücher drin, die ich in Muße nochmals lesen möchte. Da sind Wanderungen ganz in meiner Nähe drin – falls ich dann noch wandern kann. Der Besuch bei einem Schriftsteller, den ich sehr verehre, bei einer Malerin, deren Bilder mich immer wieder entzücken. Es gibt auch einen ganzen schweren Koffer voll mit Briefen, die ich erhalten habe von jemandem, den ich sehr liebte. Der Schlüssel zum Koffer ist verloren gegangen. Trotzdem wäre es ein Leichtes, die beiden Schlösser zu öffnen. Ich spare mir diesen Schatz aber solange, bis ich Zeit habe. Zeit, jene Zeit nochmal mitzuerleben. Auch ein paar Schallplatten sind drin mit ganz besonders schönen Aufnahmen. Klassische Musik. Und ein paar ganz dumme Schlager, die mir aber jenen Mann, ein bestimmtes Erlebnis wiederum nahebringen. Auch Erinnerungen können Schätze sein – sofern man den verflossenen Zeiten nicht nachtrauert, sondern sich daran freut, sie einmal genossen zu haben. Daran zu denken, daß mein Rezept zur Suche des November-Schatzes den einen oder andern aus dem Novembertrüb herauszureißen vermag, läßt mich also getrost in jenen trüben Monat gehen, der mitsamt dem Nebel und der Kälte so viele Schätze birgt.

*

Wenn ich von meiner Reise heimkomme – bald ist es dann Weihnacht – dann genieße ich von neuem unser Haus, denke an jene Heimkehr von meiner Signierreise, als bloß mein Schlafzimmer und ein Klo einigermaßen bewohnbar waren. Und doch war ich damals schon überglücklich, daß ich nicht mehr in der Baubaracke wohnen mußte.

*Ein Haus, ein Dach, drei Kamine – und gleich-
zeitig ein Denkmal für meinen Bruder Luzi,
der es plante, für Quinto, der die Bruchsteinmauern und Kamine fügte, für Lindo, der das
Dach deckte, für Bruno, Wisi, Ferid ... einfach
für alle, die dabei halfen*

Ich denke an mein damaliges Schreibzimmer, daran, wie Onkel Arthur mitten im Baugewimmel am unfertigen Kamin saß. Hauptsache: das Feuer wärmte. Damals sah das Haus noch aus wie ein gräßlicher Betonbunker. Ich weiß nicht, wie oft wir alle dachten, dieses Haus werde nie, gar nie fertig werden. Wenn ich eine Zeit meines Lebens nicht nochmal verbringen möchte, dann ist es diejenige während des Baues. Aber schließlich sind wir fürs Warten belohnt worden. Hie und da gehen wir hinters Haus, schauen auf Lindos schönes Dach, auf Quintos liebevoll gemauerte Schornsteine.

Stolz will ich nicht sein, daß wir es geschafft haben. Aber dankbar. Die Hausräuke, das Fest, das wir allen unseren Freunden und uns selbst versprochen haben, die hat es noch nicht gegeben. Sie darf erst sein, wenn alles im und ums Haus fertig ist. Wir wollen die Vorhänge und Bettüberwürfe selbst weben, die Teppiche selbst knüpfen – das dauert noch eine Weile, aber immerhin, im und ums Haus summt es von Leben, wenn Gabis Webstuhl klappert, Susis Schreibmaschinengehämmer tönt (wir streiten uns immer darum – um diese brave kleine Schreibmaschine, die wir der elektrischen vorziehen. Am Morgen ist sie meine Maschine, am Nachmittag die von Susi), Alice singt lauthals, Luzi hämmert und bohrt, die Hunde bellen, die Hähne krähen, die Enten schnattern, der Truthahn kollert ... verzeiht mir, dann ist's mir woooohl.

Winter

Vielleicht schneit's vor Weihnachten. Es gab vor allem ein Jahr, in dem ich um Schnee betete. Wir hatten damals eine widerborstige, ablehnende Hausgenossin bei uns, die in der Vorweihnachtszeit vollends durchzudrehen schien. Sie mochte nichts von Kerzen wissen, nichts von Weihnachtsliedern, nichts von Weihnachtsgebäck, schon gar nichts von Geschenken. Weder eines, das sie für ihre Mutter oder ihr Schwester basteln konnte, noch eines, das sie sich selbst wünschte – doch, einen Füllfederhalter könnte sie eigentlich gut brauchen ...

Schließlich faßte sie ihren Abscheu vor Weihnachten in einen einzigen furchtbaren Satz zusammen:

«Diese ganze Weihnacht scheißt mich an!»

Kaum je hat mir ein einziger Satz – haben mir sechs Worte – so viel zu schaffen gemacht. Wie kommt es, daß sich ein junger Mensch, der in unserm Land aufgewachsen ist, also nicht mit Krieg konfrontiert wurde, so verhärtet hat? Und wie viel ist ihr in ihren neunzehn Jahren entgangen, daß sie heute Weihnachten derart verabscheut?

Viele unserer Weihnachtstraditionen dienen dazu, uns in bestimmte Stimmungen zu versetzen, die uns dann an unsere Kindheit erinnern. An was mochte sich jenes Mädchen erinnern, daß es nun so sprach? Schließlich glaubten wir eine Lösung gefunden zu haben: Wir schlugen ihr vor, daß *sie* einen Weihnachtsbaum suchen solle. Nicht einen, den man fällt, einen, den man draußen für einen Abend mit Kerzen schmückt, um den man sich dann herum setzt und wo – wenn sie das gestattet – wir andern musizieren und singen.

Sie gestattete.

Aber ausgerechnet am Nachmittag des vierundzwanzigsten Dezember begann es zu schneien. Nun wurde es für meinen Begriff Weihnachten mit all dem, was dazu gehört. Nur unsere Feier, die fiel damit in den Schnee.

Da kam sie selbst auf eine Lösung, die unsere vollste Zustimmung fand und ob der wir uns heimlich zublinzelten:

Wir feiern Weihnachten im Stall!
Sie war es, die Strohballen herschleppte, so anordnete, daß man ringsum sitzen konnte. Eine Weihnachts-Wohnlandschaft im Stall, wer hat das schon? Auf einem Dosendeckel befestigte sie Kerzen (aufpassen, daß Heu und Stroh nicht Feuer fangen!); sie suchte eine Schere, um aus Aluminiumfolie Sternchen zu schneiden, buk – weil es für alles andere nun zu spät war – einen Apfelkuchen. Es kamen noch ein paar andere zu jener Weihnachtsfeier – und seither ist es unsere ganz ureigene Weihnachtstradition geworden, Weihnachten im Stall zu feiern. Dort ist für uns der Ort, an das Kind in der Krippe zu denken – und daran, was seine Geburt für unser Leben bedeutet.
Ich bin nach jener ersten Weihnachtsfeier später nochmals zurückgegangen in den Stall. Ich brachte die Entschuldigung vor, ich müsse sicherheitshalber nachsehen, ob wirklich keine Funken in die Streu gefallen seien. In Wirklichkeit ging ich hin, um mit den Eseln, den Gänsen und den Schafen zu

sprechen – und zu warten, ob sie mir Antwort gaben.

«Möööh», sagte Vroni, unser Leitschaf – und Pierino seufzte etwas Eselisches in meine Hand, während Nelli versuchte, ihn wegzuschubsen.

Das war auch ganz genau der Augenblick, an die allererste Weihnacht zu denken, die mir im Gedächtnis haften geblieben ist:

Sie ist durch ganz spezielle Eindrücke geprägt: Ich wußte, daß eigentlich alle Leute das Fest am vierundzwanzigsten Dezember feierten. Dieser wichtige Tag wurde bei uns aber kurzerhand um einen Tag vorverschoben, weil es für meine Eltern und meine Großmutter am vierundzwanzigsten Dezember das gab, was man heute wohl «Weihnachtsstreß» nennen würde. Damals hieß es schlicht «Arrivée». Die Pensionsgäste kamen an. Die meisten am vierundzwanzigsten Dezember. Viele davon erst gegen Abend, denn wir hatten viele Stammgäste aus Süddeutschland. Mein Vater holte sie ab am Bahnhof mit unserm Pferd, das einen mit Bärenfell

gepolsterten Schlitten zog und um den
Hals ein breites Band mit vielen kleinen
Schellen trug. Weil der Weg vom Bahnhof
bis zu unserm Haus weit war, legte meine
Mutter jeweils noch eine heiße Wärmfla-
sche für jeden Passagier in den Schlitten.
Ich ging noch nicht zur Schule, als dieses
Amt schon mir übertragen wurde. Ganz
selbstverständlich wurde ich mit Arbeiten
im Haus betraut, die meinem Alter ange-
messen waren.

Viel mehr Spaß aber machten mir die
Arbeiten, zu denen mich mein Vater mit-
nahm. Vorab war da das Besorgen der
Tiere. Das Pferd, die Schweine und die
Hühner waren in einem Stall in der Nähe
des Hauses untergebracht.

Mit den Kühen zogen wir aber im Laufe
eines Winters etliche Male um. War das
Heu im einen Stall aufgezehrt, brachte
man sie in einen andern. Zwei davon
waren beinahe eine Wegstunde weit vom
Haus entfernt. Auf jenen Gängen zu den
Kühen erfuhr ich die Weihnachtsge-
schichte. Daß die Hirten zur Weihnachts-

zeit die Schafe auf den Feldern hüteten, kam mir kurios vor. Bis mir mein Vater begreiflich zu machen verstand, daß es nicht überall auf der Welt so viel Schnee gibt wie bei uns. Dagegen war es ein Leichtes, mir Maria und Josef mit dem Jesuskind im Stall vorzustellen. Wie schön warm war es doch darin nach dem Marsch im Schnee. Aber zurück zu meinem ersten Weihnachtsfest. Es gab da etwas, das mir sehr zu schaffen machte: Wir feierten es also einen Tag zu früh. Irgend jemand hatte mir nun erzählt, in der Heiligen Nacht könnten die Tiere sprechen. Würden unsere Tiere nun auch bereits am dreiundzwanzigsten Dezember der Sprache mächtig sein, weil sie ja zu uns gehörten, oder erst am Tag, oder besser in der Nacht darauf, wie alle andern Tiere?

Papa löste mein Problem ganz einfach:

«Tiere können doch immer sprechen. Die meisten Leute verstehen sie nur nicht. Man muß eben nicht bloß die Ohren, auch das Herz offen halten.»

Daß er mit den Tieren sprach, wußte ich längst. Er ging nie in den Stall, ohne sie zu begrüßen. Er sprach das Pferd an, bevor er ihm den Hafersack umhängte, jede Kuh, bevor er ihr Heu in die Krippe legte oder sich niedersetzte, um sie zu melken. Aber daß sie ihm außer mit ihren arteigenen Lauten antworteten, hatte ich noch nie bemerkt.

In der Nacht nach unserm Fest hatte es einen guten Meter Neuschnee gegeben.

Ich wußte, daß Papa und ich nun noch einen weiteren Arbeitsweg vor uns hatten:

Rehe füttern!

Papa hatte im Pferdestall bereits ein großes und ein kleines Heubündel bereitgemacht, zusammengebunden mit aus Lederstreifen geflochtenen Stricken, die nach Bienenwachs rochen. Er legte mir das kleine Bündel auf den Rücken, gab mir ein Schäufelchen in die Hand, schulterte neben seinem Bündel die große Schneeschaufel. Vom Spazierweg, der bereits gepflügt worden war, bis zum Futterplatz der Rehe mußten wir eine Art Gang freilegen bis zu einer

Tanne, unter der wir unsere Heubündel ausbreiteten.

Da, zwei, drei Meter weiter weg im Schnee sahen wir plötzlich zwei braune Spitzen, die sich hin und herbewegten. Papa hob mich auf seine Schultern, damit ich es besser sehen konnte: da steckte ein Reh im Schnee und war offenbar zu schwach, um sich selbst daraus zu befreien. Ich sah seine angsterfüllten Augen.

Es machte vergebliche Versuche, von uns wegzufliehen.

Der Vater begann, einen Pfad zu ihm zu bahnen. Als er beinahe bei dem armen Tier angekommen war, schulterte er seine Schaufel.

«Ich verstecke mich jetzt», sagte er. «Den Rest mußt du machen. Du bist ein Kind. Vor dir hat es weniger Angst.»

Währenddem ich nun eifrig den Schnee wegräumte, sprach ich mit dem Reh, tröstete es, versicherte ihm, daß ich ihm helfen wolle. Das Tier war so erschöpft, daß es stehen blieb, auch als sein Weg frei war. Ich streichelte es, fühlte, wie sein Herz pochte. Der Vater rief mich zurück. Beide beobachteten wir von seinem Versteck aus nun das Reh.

Wie lange es gedauert hat, bis es sich endlich aufrappelte, mit zaghaften, steifen Schritten zum Heu ging, daran schnupperte und schließlich zu äsen begann, weiß ich nicht. Es drehte kauend den Kopf, als wir unsern Beobachtungsposten verließen. Ich stapfte an Papas Hand durch den Schnee, blickte nochmals zurück. Das Reh schaute mich an.

Auch heute noch bin ich nicht sicher, ob ich es bloß im Herzen und nicht auch mit den Ohren hörte, daß es mir dankeschön sagte.

*

Olimpio mit seiner Herde am Neujahrsmorgen

Am Silvester backen wir fürs Neujahrsfrühstück Pitta. Das ist ein ganz einfacher Bündner Hefekuchen – eigentlich fast eher eine Art süßes Brot. (In der arabischen Sprache heißt «pitah» Brot. Ob da wohl ein Zusammenhang besteht?)

Wir bringen Emilia ein Stück davon, wünschen ihr «buon anno».

«Buon anno – ein gutes Jahr», wünscht man sich hier. Auf der Post, beim Bäcker, im Laden ...

Ja, im Laden, nicht in meinem winzigen Lädeli. Das macht seinen Winterschlaf. Im nächstunteren Dorf gibt es nun wieder einen echten, richtigen Laden – «la Cooperativa». Überall wird vom «Lädelisterben» berichtet – hier im Tal aber, da ist ein Laden erwacht.

Es gibt sie ja kaum mehr: Die kleinen Ladengeschäfte im Quartier oder im Dorf, wo man nicht nur die Artikel des täglichen Bedarfs einkaufen, sondern auch die die nähere Umgebung betreffenden Neuigkeiten austauschen konnte. Das Gemüse war zwar nicht immer ganz taufrisch – und hie

... und statt Tessiner Panettone zur Abwechslung Bündner Neujahrspitta

und da fehlte genau das, was man eigentlich gerne gekauft hätte –, aber dafür hatte die Verkäuferin, die oft auch die Besitzerin des Geschäftes war und meist auch im gleichen Haus wohnte, ein Herz, wenn man am Sonntag oder nach Feierabend irgend eine Kleinigkeit holen wollte.

Auf dem Lande hielten sich jene «Lädeli» vielleicht ein paar magere Jahre länger, mußten aber mit ganz wenigen Ausnahmen ebenfalls die Rolladen endgültig herunter lassen vor Schaufenstern, in denen vorher das verstaubte Kunterbunt des weitgefächerten Angebots gelegen hatte. Wenn ich aus dem Stegreif versuche, eine Bilanz der Geschäfte zu ziehen, die es noch vor neun, zehn Jahren hier im Tal gab: In jedem noch so kleinen Dorf gab es zwei, drei ... Einzig ein Geschäft in Roviso, also im hintersten Dorf des Tales, hat überleben können. Die Bevölkerung war nun angewiesen auf den Verkaufswagen einer Detailhandelsfirma, der außerhalb der Sommersaison einmal pro Woche das ganze Tal bediente. Wehe, wenn die Hausfrau es dann unterließ, irgend etwas dringend Benötigtes einzukaufen, oder wenn dies einfach nicht mehr vorhanden war. Es gibt hier recht viel ältere und alte Leute, die kein Auto besitzen und deshalb dann eine Postautofahrt nach Locarno unternehmen mußten, eine Stunde hin, eine Stunde her ...

Selbstverständlich gab es auch immer mehr von jenen, die je nach Bedarf eine Fahrt im eigenen Auto unternahmen und irgendwo im «Piano» – also außerhalb des Tals – Großeinkäufe machten. Genauso, wie man von den Stadtquartieren aus in einen Supermarkt fährt, wo das Angebot an Parkplätzen fast mehr zählt als das Angebot an Waren. Diese «Abwanderung» der Kundschaft hat notgedrungen auch eine «Abwanderung» des Kapitals zur Folge, das dann durch einen Großverteiler, wenn möglich nicht einmal im Kanton, versteuert wird. Auch das Kaufpotential von Touristen, die in Ferienwohnungen ein paar Wochen verbringen und einkaufen müssen, geht zum vornherein verloren, wenn sie reich bepackt mit Vorräten anreisen oder sich Lebensmittelpakete direkt vom Versandhaus in der deutschen Schweiz per Post zustellen lassen.

Es hat eine gehörige Portion Mut gebraucht, den Entschluß zum Bau eines Gemeindezentrums mit einem modernen Selbstbedienungsladen und einer Bäckerei und einer Filiale der Bausparkasse zu beschließen. Die Behörden eines Dorfes, das ich Briana nenne, hatten ihn, und ein Großteil der Einwohner dieses Dorfes bestätigten ihn – vielen Unkenrufen zum Trotz.

Ich werde mich wohl nie daran gewöhnen, wie unendlich tief die Resignation eines Teils der älteren Bevölkerung hier ist. Unternehmungslust, Optimismus, Initiative, überhaupt neue Ideen sind suspekt. Ich denke, das rührt daher, daß eben jener älteren Generation die Erinnerung an die Armut und die Entbehrungen ihrer Jugend immer noch in den Knochen sitzt. «Bellinzona» ist weit, «Bern» wohl auf einem andern Planeten. Daß Kanton und Bund ein solches Projekt subventionieren würden, schien den Gegnern des Projekts ungewiß. Nun, die Behörden taten es, und das Zentrum wurde gebaut.

Anfänglich verfolgte ich das Entstehen als interessierte Außenstehende. Da war zum Beispiel das Problem des Standorts. Hier standen sich denn auch die Meinungen zweier Parteien gegenüber: Da war die Gruppe jener, die den Dorfplatz so bewahren wollten, wie er seit unzähligen Jahren bestanden hatte: das Castello, in dem sich ein Restaurant befindet, Post, Kirche, Gemeindehaus, Schule, Pfarrhaus, Friedhof, gruppiert um eine große Wiese. Am Rande der Wiese sollte das Zentrum entstehen. Es ist auch der richtige Platz dafür, denn ein Ladengeschäft und eine Bankfiliale gehören genauso zum Dorfleben und somit in den Dorfkern, wie die andern öffentlichen Einrichtungen. Wohlverstanden: Das Projekt sah von Anfang an zwei relativ kleine Bauten vor, in den Proportionen und den Baumaterialien den bestehenden Häusern angepaßt: Steindä-

cher, kleine Fensteröffnungen, grob verputzte oder Bruchsteinmauern. Sogar auf ein Schaufenster wurde bewußt verzichtet. Trotzdem verstand ich jene, die sich dagegen auflehnten. Der unvergleichlich schöne Blick auf den Dorfplatz ist für denjenigen, der talabwärts kommt, nun zugeriegelt. An einem Haus wurde eine große Fotografie angebracht, die der heutigen Zeit in Erinnerung rufen soll, wie es früher war. «Früher» aber, da lebten auch viel mehr Einwohner hier, da gab es die Familien, die durch ihre Ladengeschäfte in am Dorfplatz gelegenen Häusern mindestens einen Nebenerwerb und somit eine Art Arbeitsplatz hatten. Ein neues Ladengeschäft bringt Arbeitsplätze: ein, zwei Verkäuferinnen, ein Bäcker. Nicht bloß ein Bäcker, vielleicht eine Bäckersfamilie. Kinder.

Seit dem November neunzehnhundertachtzig ist das Zentrum in Betrieb. Die Umsätze beweisen die Richtigkeit der Überlegungen der fortschrittlich denkenden Behörden. Die Administration wird durch fünf ehrenamtliche Vorstandsmitglieder der «Cooperativa dell' alta valle» erledigt. Ich bin eines dieser Mitglieder und weiß nun um die vielfältigen Probleme, die im Laufe der Zeit auftauchten. In erster Linie sind es menschliche Probleme. Personalfragen vor allem. Das Miteinander-Arbeiten, Füreinander-Arbeiten, das Nebeneinander-Arbeiten, Rücksicht nehmen oder nicht, Deutschschweizer Sturheit und Tessiner Temperament. Mein Konsum-Amt hat mir schon etliche schlaflose Nächte beschert!

Nicht nur die einheimische Bevölkerung, auch die Touristen schätzen die Möglichkeit, in Briana einzukaufen. Ihr Einkaufsspaß mag derjenige sein, den ich genoß, wenn ich in der Provence oder irgendwo in Spanien oder Griechenland ein Geschäft auf dem Lande fand, das neben den handelsüblichen Waren auch Landesprodukte feilbot. Hier sind dies vor allem die einheimischen Käse aus Ziegenmilch oder aus einer Mischung von Ziegen- und Kuhmilch. Wie groß die Auswahl auch in einem raummäßig kleinen Geschäft sein kann, wurde mir erst klar, als wir Ende des letzten Jahres das erste Inventar aufnahmen. Es geht ja nicht nur darum, die Bevölkerung mit Lebensmitteln zu versorgen.

Es müssen auch Wasch-, Mercerie-, Papeterie-, einfache Drogerie-Artikel zur Verfügung stehen.

Ein Hauslieferungsdienst versieht die Kunden mit Waren, die selbst kein Auto besitzen. Damit ist eine Dienstleistung erbracht, die ein Supermarkt meist nicht bieten kann.

Und wenn schon von Dienstleistungen die Rede ist: auch die Bankfiliale kann sich sehen lassen. Jeden Morgen ab 7.30 Uhr hält der «Presidente della Cassa Rurale di Briana Valle» den Schalter geöffnet, «so lange bis niemand mehr kommt.» Das ist gegen halb neun Uhr. Er bedient seine Kunden im blauen Übergewand, tippt bedächtig auf einer Schreibmaschine, büschelt mit verarbeiteten Händen die Banknoten mit Sorgfalt. Vermutlich geht er nach Schalterschluß aufs Feld, um genau gleich sorgfältig Kartoffeln zu ernten oder das Emd einzubringen!

Müßte ich einen Slogan für die Bank von Briana erfinden, dann wäre er etwa «die Bank mit Herz».

Einen dritten Fortschritt für das Dorf bedeutet der ebenfalls im Zentrum gelegene Ordinationsraum des Talarztes, der einmal pro Woche durchs obere Tal fährt. In Briana gibt es also ein kleines Wartezimmer für die Patienten, im Ordinationsraum eine Liege, die wichtigsten Apparaturen zur Diagnose, ein Lavabo (für Nichtschweizer: ein Waschbecken). Unendlicher Fortschritt gegenüber dem nächsten Dorf, Froda, wo die Konsultationen auf der Straße stattfinden und der Patient eben dort den Mund aufreißen und AAAA sagen muß, falls er Halsweh hat.

*

Meine nun bald elfjährige Hündin Bona wird träg. Sie braucht mehr Bewegung. So gehen wir denn spazieren. Der Schnee liegt auf den Feldern, hat jedem Stein im Bachbett eine Kappe angezogen. Es ist neblig, feucht. Ich huste.

Da ist die Hängebrücke. Ich möchte sie nicht betreten, denn ich weiß, daß meine Schritte das Schneegewebe zerstören würden, das in der eigentlich häßlichen Abschrankung aus Maschendraht hängt. Wie gehäkelte Spitze schaut das aus, weil in jeder Masche die Flocken liegen geblieben sind. Ich wandere also weiter auf dieser Seite des Flusses.

Ein Gärtner hätte sie nicht schöner pflanzen können, jene paar beinahe mannshohen, säulenartigen Wacholderstauden. Wacholder. Da entsteht eine Fülle von Gedankenverbindungen: Wir geben Wacholderbeeren in die Glut, wenn wir Forellen räuchern. Wie wär's, einmal zu versuchen, wie Fleisch, am Feuer gebraten, schmeckt, wenn man auf die Glut ebenfalls Wacholderbeeren streut? In einem italienischen Kochbuch habe ich überdies ein Rezept zur Herstellung von Wacholderlikör gefunden.

Wenn ich von unserm Spaziergang zurückgekehrt bin, werde ich noch etwas tun, das mit Wacholder zusammenhängt: Ich werde in einen Topf siedendes Wasser einige Tropfen Wacholderöl geben und – mit einem Tuch über dem Kopf – diese Dämpfe einatmen. Das hilft gegen meinen Husten, ohne daß ich deswegen Chemie schlucken muß.

Wenn ich jenen herben Duft rieche, erinnere ich mich an meine Kindheit. Da war meine Großmutter, die die Tropfen des Öls sorgsam ins dampfende Wasser goß. Da war mein Vater, der mir an einem Wintertag wie diesem einen Wacholderstrauch zeigte und mir erklärte, daß man aus ihm mein Hustenöl gewinnen kann. Ich sehe ihn jetzt noch, wie er sich beim Wacholderstrauch neben mich in den Schnee kniete, damit unsere Augenpaare auf der gleichen Höhe waren, um den Strauch von ganz nahe anzusehen: Seine

Zweige sind dreikantig, die Nadeln sitzen quirlig zu dritt am Stengel, die Samenblüten bestehen aus drei Schuppen, die Frucht braucht drei Jahre, um zu reifen. Geheimnisvoll waren der Wacholderstrauch und die Zahl Drei – und sind es immer noch!

Die Wacholderstauden am Wegrand sind schuld, daß meine Gedanken zurückgewandert sind in meine Kindheit.

Meine Füße haben mich unterdessen weitergetragen bis zum Wasserfall, der zum Eisfall geworden ist. Felswände sind mit einem Eispanzer bezogen, Zapfen hängen herunter, schauen aus wie gläserne Säulen ... Schön ist das.

Bona schaut mich an. Ganz sicher bin ich da ja nicht, aber es könnte auch sein, daß sie bloß so faul tut, damit ich öfters mit ihr spazieren gehe.

Sei es aber wie es wolle, jetzt gehen wir heim. Dort wird ein Feuer brennen.

*

Ich weiß nicht, woher die Fotografie auf meinen Schreibtisch geflattert ist. Die Fotografie einer Wand, auf der jemand einen Satz mit weißer Farbe gemalt oder gesprayt hat:

«Stell Dir vor, es ist Krieg – und keiner geht hin.» Es macht mich immer betroffener, je länger ich über diesen Satz nachdenke. Logische erste Folgerung ist es doch, daß es *immer* einen gibt, geben muß, der hingeht. Und jener, der geht, ist immer der andere, bin nie ich. Damit schiebe ich die Schuld am Krieg von mir weg und dem anderen in die Schuhe. Und gleichzeitig bade ich sozusagen im wonnigen Gedanken, wie schön es auf der Welt doch wäre, wenn keiner mehr in den Krieg zöge, wenn keiner mehr hingehen würde. Dabei ist es gar nicht nötig, mir einen Krieg mit Kanonen und Bomben auszumalen. Wie oft erlebe ich doch den Kleinkrieg, der aus menschlichen Schwächen entsteht. Ich meine Eifersucht, Mißgunst, und das Resultat, das daraus erwächst. Die einfachste, primitivste Reaktion ist das, was wir auf schweizerdeutsch so schön als «z'leid läbe» bezeichnen. Denn dort fängt der Krieg an. Zuleide leben? Den andern leiden lassen? Ich bin kein Sprachforscher, kann also den Ausdruck nicht präzis ins Hochdeutsche übersetzen. Eines aber sehe ich: Das Wort «Leid» steckt dahinter. Wobei im Walser Sprachraum, meiner Kinderheimat, Leid nicht nur Leiden bedeutet, sondern auch «wüst».

«Stell Dir vor, es ist Krieg, und keiner geht hin.» Diesmal denke ich nicht an den andern. Nur an mich selbst. Ich stelle mir vor, es ist Krieg – aber ich werde nicht hingehen. Aber dann kommt einer – also doch schon wieder der andere – und greift mich an. Dann muß ich mich doch verteidigen!

Verteidigen ist etwas anderes als angreifen. Die Erkenntnis, daß der Angriff die beste Verteidigung ist, lasse ich beiseite. Und im täglichen Leben folge ich Erkenntnissen, die ich mir im Laufe der Jahre angeeignet habe. Zum Teil durch ganz bittere persönliche Erfahrungen. Da ist zum Beispiel die Z'leidleberei in der Form von Verleumdung. Da sitzt irgendwo ein neidischer Mensch und erzählt die wildesten Geschichten über jemanden, der möglicherweise überhaupt keine Ahnung davon hat. Da gäbe es zum Beispiel den Vorsatz (dem ich nachlebe), daß ich prinzipiell die negativen Seiten anderer Menschen erst glaube, wenn ich sie selbst erfahren oder gesehen habe. Das kann mich vielleicht teuer zu stehen kommen. Mindestens aber tue ich dann niemandem unrecht, der bei mir verleumdet worden ist – und das ist doch schon ein kleines Schrittchen auf dem Weg, der weg vom Krieg führt – und ein paar Millionen solcher Schrittchen würden vielleicht dazu führen, daß es keinen Krieg mehr gäbe – und deshalb auch keiner mehr hingehen müßte.

*

Die Lärche vor dem Fenster ist mit Schnee überzuckert. Die ersten Sonnenstrahlen treffen darauf. Nun fällt der Schnee in Bällchen zu Boden. Die von der Last

befreiten Äste wippen. Beinahe die ganze Katzengesellschaft sitzt um den Baum herum, versucht, nach dem fallenden Schnee zu haschen. Nur die Tintinkatze liegt neben mir auf dem Stuhl. Tintin hat eine ganz eigenartige Schlafstellung, die ich noch bei keiner andern Katze gesehen habe: Sie kauert sich auf ihre Pfoten, drückt ihr Kinn gegen den Hals, legt sich so auf die Stirne. Sie schaut dann aus wie ein zusammengerolltes Fellknäuel, von dem nur die Dreieckchen der Ohren abstehen.

Etwas ungemein Rührendes geht von der schlafenden Katze aus. Sie weckt in mir alle überhaupt möglichen Beschützerinstinkte.

Tintin ist die älteste der sieben Katzen. Sie geht kaum mehr vom Haus weg – vermutlich weil sie taub ist. Dafür hat Tintin eine furchtbare, laute, herzerweichende Stimme.

In unserm Haus besteht die Überzeugung, daß ich dereinst sofort und blitzartig von den Toten wiederum auferstehen werde,

falls Tintin irgendwo miaut! Wenn ihr «Määähuuu» erklingt, lasse ich alles stehen und fallen, suche sie – und meist sitzt sie dann vor dem Küchenschrank und bettelt. Die Arme – sie ist auf Diät gesetzt, weil sie durch ihre Bettelei ständig von allen verwöhnt wird – ist nun einfach zu dick.

Ist's, weil ich selber älter werde, oder ist's, weil mit ihnen am meisten Erinnerungen verbunden sind: Ich weiß nie, welches meiner Tiere ich am liebsten habe – aber zu den ältesten zieht es mich doch am meisten. Bei den Katzen ist es so, bei den Schafen, bei den Hunden.

Wie wenn Bona wüßte, daß ich nun über sie schreibe, legt sie ihren Kopf auf mein Knie und schaut mich an. Ich rechne: Elf Jahre ist sie nun alt. Sie ist als kleines Hundchen von Michelangelo verwöhnt worden, hat die Wassersuche auf dem Monte Valdo mitgemacht, die erste Ohrfeige von Susi Stäubli – meiner ersten Katze – eingefangen, hat mit Susis Kind – dem Bimbo – gespielt, hat nachher ich weiß nicht wieviele Kätzchen mit aufzie-

Tintin schaut dann aus wie ein zusammenge-
rolltes Fellknäuel, von dem nur die Dreieck-
chen der Ohren abstehen

Elf und zehn Jahre alt sind sie – aber quietsch-vergnügt

hen helfen, hat selbst zweimal Junge gehabt. (Die Liste, wieviele Tiere bei uns schon geboren, aufgezogen und weggegeben worden sind, wäre auch noch zu erstellen!)

Bona hatte jahrelang ihren treuen Verehrer: Gualtieros Max, einen Sennenhund. Wie erschrak ich, als ich zum erstenmal bemerkte, daß Max ihr den Hof machte! Er war nämlich hangseits aufs Dach meines Häuschens gesprungen, saß auf dem First und schaute hinunter auf seine Angebetete, die ich auf der Terrasse eingesperrt hatte!

Einmal hat sie von Max Junge bekommen, weil eine damit beauftragte Hilfe vergessen hatte, ihr die Pille zu geben.

Bei ihrer nächsten Läufigkeit entwischte sie mir – wie, weiß ich noch heute nicht. Ich hörte sie bellen und sah, wie sie auf der Wiese beim Fluß mit Max herumtobte. Ich rannte ihr nach, rief sie. Aber so streng erzogen habe ich sie nicht, daß sie meiner Stimme folgen würde, wenn auf der andern Seite ein Bräutigam wartet.

Die beiden taten etwas, worüber nachher ganz Froda lachte: Sie flohen auf ein Inselchen, indem sie ein paar Meter des Flusses durchschwammen. Die Liebe mußte heiß sein, denn das Wasser war eiskalt. So kalt, daß es mich davon abhielt, ihnen zu folgen . . .

Und so stand ich denn ohnmächtig da, sah, wie sie – wie man so schön sagt – der Liebe pflegten und mir – ätsch – sozusagen eine lange Nase machten.

Ich habe Bona operieren lassen – und bald darauf wurde Max von einem Auto überfahren.

Böse Zungen behaupteten, er sei lebensmüde gewesen . . .

Seit ein paar Jahren hat Bona nun Gesellschaft. Ihr Sohn aus dem ersten Wurf ist bei uns. Die beiden spielen auch heute noch miteinander wie zwei junge Hunde – ein Zeichen, daß es ihnen wohl ist.

Aber Bona, verzeih mir – ich habe immer noch ein schlechtes Gewissen!

*

Wenn ich schon dabei bin, Tierlein-Intimitäten auszuplaudern: Da gibt es eine noch viel, viel tragischere Geschichte, eine, die ich nie und nimmer zu verraten gedachte – hätte sie nicht der daran beteiligte Tierarzt «unter Veröffentlichung der Namen der Beteiligten», wie das so schön heißt – anlässlich einer Fernsehsendung erzählt.

Mehr als ein Jahr lang hatten wir Pierino, unsern Zwergeselhengst, nun. Mit Susi verstand er sich ausgezeichnet – aber es gab etliche unter meinen Mitbewohnern, die haßten ihn förmlich. Unser erstes Fränzi zum Beispiel, das kam einmal weinend von der Weide, hielt einen blutenden Finger hoch.

«Dieser Pierino – oh, wie ich den hasse – jetzt hat er mich auch noch in den Finger gebissen. Und *ich* habe nicht angefangen, *er* war's, der ... der ...»

«Pierino ist halt ein Hengst – die sind manchmal heimtückisch.»

«Aber doch nicht mit mir!!!!» rief unser Fränzi empört.

Eines Tages bekamen wir bunt zusammengewürfelten Besuch. Der Redaktor einer Wochenzeitung mit ein bißchen Sensationspresse-Einschlag (hoffentlich nimmt er mir das nicht übel!) mitsamt einem Fotografen war da, noch zwei weitere Presseleute, Freunde von uns, und unser Tierarzt.

Der Fotograf wollte ein Bild machen, ein schönes, auf dem Pierino und ich zu sehen waren.

Ich drehte Pierino einen Augenblick den Rücken zu, Pierino stellte sich auf die Hinterbeine, mit der Absicht, sich mit den Vorderbeinen auf meine Schultern fallen zu lassen. Ein Warnruf des Tierarztes erlaubte es mir gerade noch, mich an einem Baumstamm festzuhalten. Ein Esel, auch ein Zwergesel, ist doch über einhundert Kilogramm schwer.

«Ich muß Sie warnen», sagte der Tierarzt. «Ein solcher Angriff könnte böse Folgen haben.»

Der Fotograf war so lieb, daß er die Szene nicht im Bild festhielt.

149

«Aber, Herr Doktor, was mache ich denn da? Wir brauchen Pierino. Er ist nicht bloß ein Dekorationstier.»

«Kastrieren, dann haben Sie Ruhe», sagte der Arzt und fügte noch bei, «und er auch.»

Ich mußte mir das überlegen. Es widerstrebte mir. Aber es widerstrebte mir auch, daß Pierino vielleicht eines Tages am Unfall eines Menschen schuld sein konnte. «Dann muß das wohl sein», sagte ich also zum Tierarzt. «Nächste Woche bin ich sowieso weg – ich gehe für ein paar Lesungen in die deutsche Schweiz.»

Am Mittwoch jener Woche bekam ich anläßlich einer Lesung die Eselstute Nelli geschenkt. Am Donnerstag-Morgen um sechs Uhr rief ich den Tierarzt an, um die geplante Operation zu stoppen.

«Zu spät», sagte er. «Gestern nachmittag haben wir's gemacht.» Und diesmal fügte er bei: «Armer Pierino.»

Eine Esel-beinahe-Liebesgeschichte, bei der ein paar Stunden eine verhängnisvolle Rolle spielten.

Aber eigentlich ist es doch eine Esel-Liebesgeschichte. Denn Pierino und Nelli lieben sich trotzdem. Unzertrennlicher als die beiden kann man nicht sein. Kürzlich haben sie einen rührenden Beweis geliefert: Es ist kaum Schnee gefallen. Wir sammelten alle vor einem Jahr abgesägten Haselstämme rings ums Haus zusammen und beluden die beiden Esel damit, die sie zum Holzstoß hinterm Haus trugen. Jedesmal, wenn sie dort ankamen, hielt ihnen Susi die Mostflasche vor die Nase. Esel lieben sauren Most – und können aus der Flasche trinken wie alte Bauhandwerker.

Susi führte Pierino am Halfter, Nelli trottete hinter ihm drein. Sie brauchte keinen Führer.

Susi lud die Holzlast ab, gab den Tieren zu trinken, wurde schnell weggerufen. Als sie wieder zurückkam, waren die Esel freiwillig und ohne Führer wieder zurückgelaufen, dorthin, wo Alice ihnen weiteres Holz auflud. Ein Klaps auf die Hinterbacke, Pierino zottelte los, Nelli hintendrein. Sie brachten das Holz zu Susi – und unser Holztransport wurde von den beiden Eseln nun in eigener Regie besorgt.

Arbeiten mit Eseln braucht vorerst einigen Zeitaufwand. Man muß sie satteln, sie laufen vielleicht nicht immer so schnell, wie man es gerne möchte – aber einer Sache bin ich sicher: Esel arbeiten gerne, wenn sie es zu zweit tun können, wenn man sie freundlich behandelt und Geduld mit ihnen hat.

Und wenn ich es genau überdenke: nicht bloß Esel!

*

Wenn es Zeit wird für den Carnevale – die Fastnacht – dann neigt sich unser Winter schon dem Ende zu. Wir erproben immer noch die Karnevalsessen der umliegenden Dörfer und haben immer noch nicht alle Möglichkeiten der Karnevalsmenus erschöpft. Silvios «Lesso con patate – gekochtes Rindfleisch mit Kartoffeln» ist eines unserer Lieblingsessen, nicht bloß vor der Fastenzeit. Vor zwei Jahren durfte ich

Silvios Assistentin sein – und am Nachmittag die Assistentin eines Grosis (anderswo hätte man sie wohl Oma genannt) aus dem Sanktgallerland, das damals bei uns in einem Spinnkurs war und für das ganze Dorf Fasnachtschüechli buk. So wie die Tessiner jene Küchlein schmausten und lobten, taten es sämtliche Deutschschweizerinnen mit Silvios Lesso – und damit war wieder jenes Wohlbehagen da, das mich überfällt, wenn ringsum alle sich gerne mögen.

Bald werden am Hang über dem Haus die Eiszapfen wieder herunterdonnern. Erst machte mir das Angst, doch längst habe ich gelernt, daß der Wald über mir mich schützt. So ist denn jenes Bersten und Krachen und Eisstückesplittern zum ersten Vorboten des Frühlings geworden. Neuer Frühling eines neuen Jahres.

*

Hier wird unter Silvios kundiger Leitung gekocht: Patate und Lesso (Kartoffeln und Siedfleisch) für den Fastnachtsschmaus

► Ruedeli und Tigi in Aktion, Fluffi und Fritzli im Porträt

Nun ist Tigi nicht mehr unser jüngstes Familienmitglied. Susis Mama hat uns noch den RR gebracht. Den Roten Ruedeli.

Seitdem unser Fritzli gestorben ist, fehlte bei uns eine rote Katze. Den Fritzli ersetzen kann keine andere Katze – weil jede Katze ein einmaliges Individuum ist.

Was mir Sorge bereitete, war die Frage, wie sich nun unser Tigi gegenüber einer kleineren Katze benehmen würde. Würde er sich an seine eigene erste Zeit bei uns erinnern, wo er von allen angefaucht und vom Schnurrli gar verhauen worden war? Junge Kater (aber nicht alle!) haben offenbar einen ausgesprochenen Hang, sich als Kindergärtner zu betätigen. Tigi sah das rote Kätzchen, legte sich mit einem zärtlichen «Brmmm» auf den Rücken (das heißt auf Katzisch: «ich mag Dich gern und möchte mit Dir spielen»).

Der Ruedeli schnupperte an ihm, begann, ihm das Gesicht abzulecken. Die Freundschaft war eröffnet.

Sie üben Angriff und Verteidigung, spielen Verstecken, kugeln sich im Hof, auf der Wiese, wenn wir nicht aufpassen, auch im Treibbeet. Sie spielen zu ihrem und unserm Spaß, um sich dann eng aneinandergekuschelt auszuruhen. Und als höchstes der Genüsse darf der Ruedeli dann an Tigis Brustwarzen suckeln. Wie mancher Besucher wollte es gar nicht glauben, daß Ruedeli nicht Tigis Kind ist.

Ein Kater, der ein Kätzchen säugt ...

*

Froda, Ende Mai 1983

Die Uhr hat soeben sieben Uhr geschlagen. Tintin sitzt auf dem unterdessen immer höher gewordenen Stoß unerledigter Briefe und schaut hinaus ins Grüne. Draußen auf dem runden Tisch liegt eine Strickarbeit, die Nani dort gestern liegen ließ. Tigi und Schnurrli spielen mit dem Wollknäuel. Die Lärche ist grün geworden – und soviel gewachsen, daß ich ihre Spitze nun nicht mehr sehe, auch wenn ich mich ganz vorbeuge.

«Guten Tag, lieber Baum», sage ich zu ihr. Ihre Äste bewegen sich im Wind.

Die rosaroten und lilafarbenen Blüten der Fleißigen Lieschen, die wir dem Baum zu Füßen gepflanzt haben, nicken.

In meiner Schreibstube ist es still geworden. Ich schreibe von Hand. Dafür klappern in der Küche gleich zwei Schreibmaschinen. Das Manuskript wird abgetippt. Susi schreibt rein – und Alice schreibt noch reiner – oder umgekehrt.

«*Wir* sind nun hier die Aussteiger», sagen sie. Ausgestiegen aus dem Landleben, eingestiegen in die Schreibmaschine, aufgestiegen zur «Depp»-Sekretärin. (Ausdruck von Fränzi I, als sie eine Top-Sekretärin wie Susi klassieren wollte!) Und dann bluffen die beiden Sekretärinnen großartig, daß hier nun das Großraumbüro von Froda entstanden sei. Aber bloß, bis die Sonne zum Vorschein kommt. Dann ziehen sie um – an den runden Tisch hinterm Haus. Wenn man an den beiden obern Ecken des eingespannten Papiers eine Wäscheklammer befestigt, die Sitzhöhe mittels zwei Telefonbüchern schreibmaschinengerecht einstellt, kann man auch im Freien schreiben.

Sogar mit einer Kopie.

Zeitweise verstummt das Klappern der Maschinen. Dann kichern sie beide, lesen sich gegenseitig etwas vor, kommen etwa auch, um zu sagen, hier sei etwas unklar, zu wenig präzis.

Wir werden unsere Zeit anders einteilen, wenn unsere Schreibarbeit beendet ist. Susi und Alice bekommen nun aber ein Gefühl mit, das ich jedesmal habe, wenn

Lange wird der Wollknäuel nicht mehr auf der Bank liegen ...

▶ Hier wird rein und noch reiner geschrieben

ein Buch beendet ist: eine gewisse Wehmut. Wir nehmen also diesmal alle drei Abschied von unseren Lesern. Wir kennen ja so viele von ihnen, erfahren so viel Nettigkeiten – und wir wissen, daß wir unserer gemeinsamen Schreibarbeit viele Freunde verdanken.

Liebe Freunde – danke also, daß Ihr mit uns durch all die schönen Jahreszeiten gegangen seid.

Sie werden weiterfließen, unsere Jahreszeiten, eine gleitet in die andere, fließt unaufhörlich wie das Wasser des grünen Flusses, dessen Rauschen unser Leben begleitet.

Aus unserer Rezeptsammlung

Alle erwähnten Gerichte und Kräuterzubereitungen und eine Anzahl Lieblingsspeisen dazu

Alle Rezepte sind – wo nichts anderes vermerkt – für vier Personen berechnet

Basler Faschtewaje

20 g	*Hefe*
1 KL	*Zucker*
1 dl	*lauwarmes Wasser*
500 g	*Weißmehl*
125 g	*Butter*
1 KL	*Salz*
1 dl	*Milch*
1	*Eigelb*
	Kümmel

Frischhefe und Zucker miteinander vermengen, Wasser beigeben, an einem warmen Ort

eine Viertelstunde stehen lassen. Weißmehl in eine Schüssel sieben, eine Vertiefung machen, Hefelösung hineingeben, mit etwas Mehl ein Teiglein rühren, mit einem feuchten Tuch zudecken, eine halbe Stunde gehen lassen. Butter schmelzen, die kalte Milch und das Salz dazugeben (das Gemisch muß schließlich lauwarm sein), den aufgegangenen Vorteig, die Butter-Milchmischung mit dem Mehl vermengen. Mindestens fünf Minuten kneten und schlagen. Der Teig muß sich von der Schüssel und von den Händen lösen. Eine glatte Kugel formen, in die Schüssel zurücklegen, mit dem feuchten Tuch zugedeckt eine Stunde gehen lassen. Dann die Kugel flach drücken, so daß ein tortenförmiger Fladen von etwa 25 cm Durchmesser entsteht. Diesen mit einem Spachtel wie eine Torte in 16 möglichst gleich große Stücke schneiden. Aus den einzelnen Stücken Kugeln drehen, diese auf dem bemehlten Tisch durch ein paar Auf- und Abstöße des Wallholzes (Nudelholzes) zu ¼ Zentimeter dicken ovalen Teigplätzchen formen, mit vier senkrechten Schnitten einschneiden, auseinanderziehen, daß aus den Schnitten Löcher entstehen, auf ein geöltes Backblech legen. Zehn Minuten kühlstellen, mit Eigelb bestreichen, mit Kümmel bestreuen, im vorgewärmten Backofen (200°) knapp 20 Minuten goldbraun backen, umdrehen, Boden, falls nötig, noch etwa 5 Minuten bräunen. Möglichst frisch essen mit Käse und Salat oder mit einem Quark/Schnittlauchmüesli. Oder einfach so. Mit ohne gar nichts.

Bündner Bohnen- und Gerstensuppe

100 g	*weiße Böhnchen*
100 g	*Gerste*
2½ l	*Wasser*
3 EL	*Butter*
1	*Lauchstengel*
2	*Karotten*
1	*Zwiebel, besteckt mit 1 Lorbeerblatt und 1 Gewürznelke*
½	*Sellerieknolle*
½	*kleiner Wirsing*
2	*Kartoffeln*

Knochen eines Rohschinkens (notfalls eines gekochten Schinkens) und/oder 250 g Salz-Speck, geräucherte Schweinswürste, wenn möglich Engadinerwürste
Schnittlauch
eventuell Salz

Weiße Böhnchen und Gerste über Nacht einweichen, die kleingeschnittenen Gemüse in Butter andämpfen, alles mit dem kalten Wasser und dem Fleisch aufsetzen, auf kleinem Feuer 2½ bis 3 Stunden kochen, 20 Minuten vor Beendigung der Kochzeit die kleingeschnittenen Kartoffeln beigeben, eventuell nachsalzen, mit Schnittlauch bestreuen.
Die Suppe schmeckt eigentlich aufgewärmt am allerbesten. Aber Achtung: dann kann sie Blähungen verursachen. Wir Kinder nannten sie deshalb auch «Musigmögglisuppa»!

Brennesselspinat

Junge Brennesselsprossenspitzen mit der Schere abschneiden und direkt ins für die Ernte mitgenommene Salatsieb legen, waschen, ein paar Minuten lang in wenig Wasser weichkochen. (Wasser nicht wegschütten! siehe Seite 176) Die Blätter auf einem Brett grob hacken, mit feingeschnittener Zwiebel, Petersilie und Knoblauch in etwas Butter dünsten, salzen, pfeffern.

Eierlikör, wie meine Mutter ihn machte

12	ganz frische, ganz saubere Eier
	Zitronensaft
1 l	Marsala oder Cognac
1 kg	Zucker

Man legt die Eier mitsamt der Schale in eine Keramikschüssel. Wichtig: deren Glasur darf keine Sprünge haben! Dann übergießt man die Eier mit so viel Zitronensaft, daß sie ganz damit bedeckt sind. Täglich kontrollieren, eventuell Saft nachgießen. Nach etwa 10 Tagen haben sich die Eier, auch die Schale, aufgelöst. Man mischt den Marsala gut mit dem Zucker, dann mit der Eier/Zitronensaftflüssigkeit und füllt in gut verschließbare Flaschen ab. Ein ausgezeichnetes Stärkungsmittel, das man am besten vor dem Mittag- und Abendessen trinkt. Jeweils ein kleines (ein kleines, hab' ich gesagt!) Gläschen voll.

Grosis Fastnachtsküchlein

600 g	Weißmehl
1 KL, gestr.	Salz
4	Eier
50 g	Zucker
	knapp 1 dl Rahm
30 g	Butter, geschmolzen
	Öl zum Ausbacken
	Puderzucker zum Bestreuen (wer's mag, mit Vanillezucker vermischt)

Die Zutaten außer Mehl und Salz gut miteinander vermengen, das mit dem Salz auf das Teigbrett gesiebte Mehl kranzförmig anordnen, die Flüssigkeit in die Mitte gießen, einen geschmeidigen Teig kneten, diesen bei Zimmertemperatur eine Stunde ruhen lassen. Dann den Teig zu einer Rolle formen, diese in etwa fünfunddreißig bis vierzig Stücke zerschneiden. Jedes auf dem bemehlten Brett so dünn wie möglich auswallen und schließlich so lange von Hand ausziehen, «daß man durch den Teig die Zeitung lesen kann». Die Küchlein lagenweise zwischen Tücher legen, schwimmend backen, bis sie auf einer Seite hellgelb sind, mit zwei Holzspachteln kehren, zweite Seite backen, mit den Spachteln sorgsam herausheben, auf einer Papierserviette abtropfen lassen, noch warm mit Puderzucker besieben. Wenn sie erkaltet sind, zu sechst aufeinanderlegen, in einem mit einem Tuch ausgelegten Wäschekorb aufbewahren. Das Grosi behauptet, die Küchlein blieben so bis zu zwei Wochen frisch. Wir machten den Fehler, den Korb mitten im Fastnachtstreiben aufzustellen. Nach einer Stunde waren sie weg!

Monikas Fastenkutteln

200 g	*Mehl*
4 dl	*Wasser*
4	*Eier*
½ KL	*Salz*
	Öl zum Backen
50 g	*geriebener Käse*
	(Variante: Gorgonzola, mit der
	Gabel zerdrückt)
1	*große Zwiebel*
2 dl	*Bouillon*
	Schnittlauch

Eigelb, Salz, Wasser verklopfen, Mehl portionenweise darübersieben, zu einem glatten Teig anrühren. Diesen mit einem feuchten Tuch zudecken, mindestens ½ Std. stehen lassen. Das Eiweiß zu Schnee schlagen, darunter ziehen. Öl in der Bratpfanne heiß werden lassen, eine Schöpfkelle voll Teig darin zerfließen lassen, beidseitig goldbraun backen.

Mindestens versuchen sollte man es, die Omelette mit einer schwingenden Bewegung der Pfanne zu kehren. Wenn man nicht zu viel Fett nimmt, das beim Kehren spritzen würde, und sich vorher vergewissert, daß die Omelette nicht am Pfannenboden klebt, sollte es gehen. Vorsichtshalber nicht über der heißen Herdplatte üben!

Die Omeletten erkalten lassen, in feine Streifen schneiden, lagenweise in eine gebutterte Auflaufform geben, in etwas Butter weichgedämpfte Zwiebeln dazwischen, Käse obendrauf. Mit der Bouillon übergießen, eine Viertelstunde im auf Mittelhitze vorgewärmten Backofen überbacken. Mit Schnittlauch bestreuen. Dazu gab es *Nüßlisalat* (in Deutschland sagt man Feldsalat oder Rapunzel, in Süddeutschland Sunnewirbelsalat, in Österreich Vogerlsalat) angemacht mit rotem Weinessig, Salz, Pfeffer, Sonnenblumenöl, Knoblauch – und obendrüber streute Monika in Butter geröstetes Paniermehl. Das nannte meine Großmutter Fasten!

Fisch im Gemüsebett (kalorienarm!)

600 g	Stangensellerie, fein geschnitten
1	große Zwiebel gehackt
1 KL	Butter
	Streuwürze
	Pfeffer
800 g	Meerfisch-Filets (Dorsch oder
	Kabeljau oder Flundern)
	Saft einer Zitrone
1 Becher	Joghurt
	Saft einer Zitrone (nochmal)
1 EL	geriebener Parmesankäse

Stangensellerie und Zwiebel erst in Butter andünsten, dann eßlöffelweise soviel Wasser beigeben, daß das Gemüse nicht anbrennt. Auf kleiner Flamme eine halbe Stunde garen, würzen. Eine Auflaufform mit ein paar Tropfen Öl auspinseln, das Gemüse hineingeben, den Fisch, tiefgekühlt und aufgetaut oder frisch, mit dem Saft einer Zitrone und etwas Streuwürze mariniert, über das Gemüse legen. Joghurt mit Zitronensaft und etwas Maggiwürze (wer's gern pikant mag, tut noch etwas Cayennepfeffer dazu) vermischen, über den Fisch gießen, mit Parmesankäse bestreuen, 20 Minuten überbacken. Wer nicht abzunehmen braucht, ißt Salzkartoffeln dazu. Den Salat servieren wir vorher.

Fisch mit Senfsauce (kalorienarm!)

4	große Tranchen Meerfisch
2	Zitronen
300 g	frische Champignons
1	Zwiebel
4 EL	Mehl
50 g	Butter
2–3 EL	nicht süßen Senf
1 dl	Weißwein (herb)
1 Handvoll	Petersilie
	Streuwürze oder Salz
	Pfeffer

Den Fisch mit Salz und Pfeffer würzen, mit etwas Zitronensaft beträufeln, 2 Std. im Kühlschrank marinieren. Die Pilze reinigen, eventuell zerkleinern. Die Zwiebel möglichst fein hacken.
Die Fischstücke mit etwas Küchenpapier trocknen, mit Mehl bestäuben, in der Hälfte der Butter auf kleiner Flamme braten. Die Zwiebel in der restlichen Butter dämpfen (nicht braun werden lassen!), die Pilze dazugeben, weichdünsten. Fisch in einer warmen Platte anrichten, die Pilze obendrauflegen, Fisch- und Pilzfond miteinander mischen, den Weißwein beifügen. Diese Soße etwas einkochen lassen, dann mit dem restlichen Zitronensaft, dem Senf und der fein gehackten Petersilie mischen, einmal aufkochen, über den Fisch geben.
Salzkartoffeln oder heißen Toast dazu.

Griechische Fleischkügelchen

500 g	Hackfleisch (am «griechischsten» schmeckt Lammfleisch)
1	große Zwiebel
100 g	Paniermehl oder ein altbackenes, in Milch eingeweichtes Brötchen
1	Büschel Petersilie
1	paar frische Pfefferminzblätter oder einen Kaffeelöffel getrocknete Blätter, in etwas kochendem Wasser eingeweicht
1	kleines Schnapsglas Ouzo oder andern Anisschnaps (z.B. Pernod)
1 EL	geriebenen Hartkäse (z.B. Parmesan oder Sbrinz)
2	Eier
	Salz und Pfeffer

Die feingehackte Zwiebel in etwas Olivenöl dämpfen (nicht anbraten!), Petersilie und Pfefferminze fein hacken. Fleisch, Paniermehl, Zwiebel und Kräuter gut miteinander vermengen. Wer es ganz richtig machen will, dreht die Masse nochmal durch den Fleischwolf. Die übrigen Zutaten beigeben und diesen Teig im Kühlschrank eine Stunde ruhen lassen. Soviel Fleisch wie auf einem Eßlöffel Platz hat, mit nassen Händen zu einem Kügelchen drehen, zuletzt in etwas Mehl wälzen und in Olivenöl goldbraun braten.

Silvanas Frittata e porri (kalorienarm!)

8	Eier
8	halbe Eischalen Wasser
	Pfeffer, Salz
	gehackte Petersilie
2	große oder
3	kleine Lauchstengel
1	große Zwiebel
1 EL	Butter
2 EL	Sonnenblumenöl
	geriebener Parmesankäse

Zwiebel hacken, Lauch in möglichst dünne Rädchen schneiden. Beides in einem Eßlöffel Butter eine gute halbe Stunde dämpfen. Damit das Gemüse nicht an der Pfanne festklebt, eßlöffelweise Wasser beigeben.
Die Eier mit Pfeffer, Salz, Wasser und der feingeschnittenen Petersilie leicht verklopfen. Wenn das Gemüse gar ist, in einer Bratpfanne das Öl heißwerden lassen, die Eimasse hineingeben. Leicht stocken lassen. Wenn die Unterseite goldbraun, die Oberseite aber noch flüssig ist, das Gemüse über die Omelette geben. Eine Hälfte darüberklappen wie eine französische Omelette, sofort servieren. Mit Parmesankäse überstreuen.
Silvana erzählte mir, daß sie bei ihr zu Hause anstelle des Lauches auch die Spitzen von jungen Brennesseln verwendeten!

Geflügelleber mit Rührei auf Toast (Susis Leibgericht)

500 g	Geflügelleber
1	große Zwiebel
2 EL	eingesottene Butter
4	Eier
4	Eischalenhälften Wasser
	Salz, Pfeffer
	Petersilie
8	Scheiben Toastbrot
2 EL	Sonnenblumenöl

Zwiebel fein hacken, in der Butter dämpfen, die feingeschnittenen Lebern beigeben, auf kleinem Feuer kurz dämpfen. Eier, Wasser, Petersilie miteinander verrühren, würzen, über die Leber gießen, stocken lassen. Inzwischen die Toastbrotscheiben im Öl goldbraun backen, in vorgewärmte Schüssel legen, mit dem Leber/Ei-Gemisch überdecken.
Salat dazu servieren.

Hochzeitsgschwellti (kalorienarm!)

Tzatziki:

1	Gurke
1 Glas	Joghurt
200 g	Magerquark
2	oder mehr Knoblauchzehen
1 EL	Olivenöl
1 KL	Zitronensaft
	Salz, Pfeffer

Die Gurke schälen, raffeln, die Knoblauchzehen zerdrücken, die restlichen Zutaten daruntermischen, den Brei kaltstellen. Dazu warme Pellkartoffeln.
Den Namen haben wir erfunden, weil wir gute, einheimische, in der Schale gekochte Kartoffeln (wenn möglich rotschalige Sorte), gegessen («verheiratet») mit griechischem Gurkensalat (Tzatziki) zu unserm Lieblings-Nachtessen erkoren haben.

Holunderblütenküchlein

2	Eier
2 EL	Bier oder stark kohlensäurehaltiges Mineralwasser
1 EL	Zucker
3 EL	Milch
4 EL	Mehl
¼ KL	Backpulver
1	Prise Salz
50 g	Butter
12	Holunderblüten
	Öl zum Fritieren
	Puderzucker

Die Teigzutaten der Reihe nach miteinander gut vermischen (Butter flüssig machen, aber nicht heiß werden lassen). Der Teig muß sehr flüssig bleiben. Die gewaschenen, abgetropften Blütendolden am Stiel halten, in den Teig tauchen, in 190° heißem Fritieröl ausbacken, abtropfen lassen, mit Puderzucker bestreuen, sofort servieren.

Huhn mit Blattspinat (kalorienarm!)

1	Zwiebel feingehackt
1 KL	Butter
600 g	geschnetzeltes Hühnerfleisch
1 Tasse	Hühnerbrühe (evtl. Würfel) I)
	Saft einer Zitrone
1 Becher	Joghurt
600 g	Spinat
½ Tasse	Hühnerbrühe II)
1	gequetschte Knoblauchzehe
1 EL	feingeschnittenes Basilikum

Zwiebel in Butter dämpfen, geschnetzeltes Hühnerfleisch beigeben, dämpfen, mit Brühe I) und Zitronensaft ablöschen, würzen, 10 Minuten dämpfen. Vor dem Servieren Joghurt darübergießen, heiß werden lassen, aber nicht mehr kochen.
Spinat in reichlich Salzwasser garen, Wasser abschütten, Brühe II), Knoblauchzehe und Basilikum miteinander vermischen, über den Blattspinat gießen. Das Gemüse mit Gabel und Löffel mit der Sauce so vermengen, wie man es mit Kopfsalat macht. Nochmals zum Siedepunkt bringen.
Wenn man dazu noch Teigwaren-Müscheli serviert, sind auch Normalesser von dieser Speise beglückt, besonders wenn sie auf ihrem Gemüse noch Butterflöckchen serviert bekommen.

Kartoffelküchlein

3	mittelgroße Kartoffeln
2	Eier
25 g	Frischhefe
3 EL	Milch
4 EL	Mehl
	Salz, Pfeffer, Muskat

Hefe in der lauwarmen Milch auflösen, stehen lassen. Kartoffeln schälen, weichkochen, durch's Passiersieb drehen, Hefemilch, Eier und Mehl daruntermischen, würzen, Küchlein formen, diese 2 Stunden an einem warmen Ort aufgehen lassen, im gut geheizten Backofen in ½ Std. goldbraun backen.

Ungebackener Kastaniencake
(dafür kalorienreich)

750 g	Kastanien
1 Tafel	Milchschokolade
1 KL	Vanillezucker
100 g	Butter
1 dl	Rahm
12	Petit Beurre-Bisquits
1 Stück	Alufolie
1 dl	Rahm

Kastanien einschneiden, kochen, schälen, mindestens zweimal durch den Fleischwolf drehen.
Schokolade und Butter schmelzen, in warme Schüssel geben, die Kastanienmasse löffelweise daruntermengen. 1 dl Rahm mit dem Vanillezucker süßen, steif schlagen, ebenfalls unterziehen. Eine Kastenform mit innen leicht bebutterter Alufolie auslegen, etwa 1 Zentimeter hoch Kastanienmasse einfüllen, glattstreichen, 6 Petit-Beurre darüber legen, mit zweiter Lage Kastanien bedecken, nochmals 6 Bisquits darauflegen, zuoberst den Rest der Masse. Glattstreichen, mit der Folie zudecken, über Nacht in den Kühlschrank stellen. Vor dem Servieren Folie abziehen, den Cake in dicke Scheiben schneiden, mit geschlagenem Rahm servieren.

Kastanienpudding

1 kg	Edelkastanien
1	Vanillestengel
150 g	Blockschokolade
150 g	geschmolzene Butter
6	Amaretti
	Je nach Geschmack etwas Zucker

Die Kastanien einschneiden, 1 Stunde in Vanillewasser kochen, schälen, durchs Passiersieb drehen, die Schokolade im Wasserbad schmelzen, mit der geschmolzenen (nicht heißen!) Butter vermischen, die ganz fein zerstampften Amaretti beigeben, nach Geschmack zuckern.

In eine Puddingform ein angefeuchtetes Stück Gaze legen, die Puddingmasse einfüllen, zwölf Stunden im Kühlschrank lassen. Stürzen, Gaze entfernen, mit Schlagrahm servieren.

Krautkräpfli, wie meine Großmutter sie in der Karwoche machte

400 g	Mehl
2	Eier
50 g	geschmolzene Butter, etwa 1 dl Wasser (vorsichtig zugeben, damit der Teig nicht zu dünn wird)
1	gestrichener Kaffeelöffel Salz miteinander zu einem geschmeidigen Teig vermengen, diesen etwa zwei Stunden kühlstellen.

400 g	Spinat
2 EL	Mehl
1	Ei
1	Büschel Petersilie
100 g	geriebenen Parmesan oder Sbrinz
50 g	Butter
	Salz, Pfeffer, Muskatnuß

Spinat in kochendes Salzwasser geben, fünf Minuten kochen, ausdrücken, hacken. Zwiebel in Butter dämpfen, Mehl, Ei und gehackte Petersilie beifügen, würzen.

Den Teig möglichst dünn auswallen. Zwei möglichst gleich große Stücke machen. Die Füllung eßlöffelweise in Abständen von ca. 8 Zentimetern auf den Teig geben, die Zwischenräume mit Wasser befeuchten, die zweite Teighälfte darüberlegen, andrücken, mit Rädchen Vierecke schneiden. Diese im kochenden Salzwasser ein paar Minuten lang ziehen lassen. Wenn sie obenauf schwimmen, sind sie gar. Sorgfältig aus dem Wasser heben, abwechslungsweise Kräpflein und Parmesankäse in eine gewärmte Schüssel geben, braune Butter darübergießen.

Neujahrspitta

40 g	Hefe
4–5 dl	Milch
250 g	Butter
	Schale einer Zitrone, abgerieben
200 g	Zucker
1	gestrichener KL Salz
1 kg	Weißmehl
10 Stücke	Würfelzucker
50 g	geschälte Mandeln
	etwas Grieß
	(ergibt zwei Brote)

Alle Zutaten müssen zimmerwarm sein! Hefe in etwas Milch auflösen, schäumen lassen. Butter schmelzen, die Hälfte restlicher Milch, die Zitronenschale, den Zucker, die Hefemilch miteinander vermengen. Das gesiebte Mehl und die restliche Milch nach und nach in die Flüssigkeit einarbeiten. Den Teig mit einem Holzkochlöffel klopfen, bis er Blasen wirft. Zwei Springformen mit Butter bepinseln, mit Grieß ausstäuben, den Teig einfüllen, mit feuchtem Tuch bedecken, 2–3 Std. gehen lassen.

Mit dem Wallholz die Zuckerstücke zerkleinern, die geschälten, grob geschnittenen Mandeln damit vermengen, vor dem Backen (im vorgewärmten Ofen ¾ bis 1 Std. bei 180 Grad) über den Kuchen streuen. Ofentüre erst nach einer halben Stunde öffnen. Den Kuchen evtl. mit Alufolie abdecken.

Es gibt noch einen zweiten Anlaß, zu dem meine Großmutter Pitta buk: die «Bsatzig», die Landsgemeinde, die alle zwei Jahre (denjenigen mit den ungeraden Zahlen) stattfindet.

Ratafià – der Likör aus «Fallnüssen»

20	große oder
30	kleinere grüne Walnüsse
8	Gewürznelken
2	Zimtstangen
	Schale einer Zitrone
400 g	Zucker
2 dl	Wasser
1 l	Grappa

Man sammelt am längsten Tag die Walnüsse. Die halbiert oder viertelt man samt der grünen Schale, gibt sie zusammen mit den Gewürznelken, Zimtstangen und der Zitronenschale in eine gut verschließbare lichtdurchlässige Einliterflasche. Die Flasche wird aufgefüllt mit Grappa (da wäre auszuprobieren, was daraus wird, wenn man einfachen Weinbrand nähme oder sonst ein gebranntes Wasser) und nun drei Wochen lang an die Sonne gestellt. Scheint die Sonne wenig, muß diese Zeit verlängert werden. Die Flasche täglich schütteln. Dann seiht man die so entstandene Flüssigkeit, die erst grün, dann tief dunkelbraun wird, ab und vermengt sie mit einem Sirup aus 400 g Zucker und 2 Deziliter Wasser, den man aufgekocht und dann abgekühlt hat. In dunkle Flaschen abfüllen, verschließen und im Keller bis zu Weihnachten lagern.

Schnittsalat Flora (kalorienarm!)

3 Handvoll	Schnitt- (oder auch Kopf-)salat
1 Handvoll	Blätter der Kapuzinerkresse
1 Handvoll	Borretsch-Blätter
	Blüten von Kapuzinerkresse, Borretsch und Gänseblümchen

Die Blätter waschen, fein schneiden, die Blüten waschen, im Kranz um die Blätter anrichten.

50 g	Gorgonzola
1 Glas	Joghurt
	Saft einer Zitrone
1 EL	Walnuß- oder Sonnenblumenöl
	Salz, Pfeffer, Maggiwürze

Den Käse mit der Gabel fein zerdrücken, alle Zutaten mit dem Schneebesen gut vermengen, Salat und Sauce separat servieren. Auge ißt mit!

Nanis Soßenkartoffeln

8	mittelgroße Kartoffeln
1½ l	Rindfleischbouillon
2	Lorbeerblätter
1 EL	Mehl
1 EL	Butter
1 dl	Weißwein
	eventuell Salz und Pfeffer
	Schnittlauch

Die geschälten, gevierteilten Kartoffeln in Scheiben schneiden, in der Bouillon und mit den Lorbeerblättern 10 Min. kochen, Mehl in Butter dämpfen, mit Weißwein und etwas Kartoffelbouillon ablöschen, die Kartoffeln dazugeben und weitere 20 Minuten in der Sauce ziehen lassen. Mit gehacktem Schnittlauch überstreuen.
Falls man geräucherte Würste dazu serviert, die Würste ebenfalls in den Kartoffeln wärmen.

Ein paar Rezepte zum (noch) Schönerwerden

Brennesselessig

Guter Weinessig, den man mit zwei Handvoll gewaschenen, feingeschnittenen, frischen Brennesselwurzeln in gut verschlossener Flasche ansetzt, sechs Wochen in der Sonne stehen läßt, täglich schüttelt, dann absiebt, ergibt ein Mittel gegen Kopfschuppen: täglich davon einreiben und gleichzeitig einen Eßlöffel Brennesselschnaps morgens nüchtern trinken. Für den *Brennesselschnaps* setzt man zwei Handvoll Blätter in einem Liter Kornschnaps gleich wie den Essig an. Wohl bekomm's – im wahrsten Sinne des Wortes!

Was tun wir mit dem vom Spinatkochen her übriggebliebenen **Brennesselwasser?**

Mit Honig gesüßt ist es ein ausgezeichnetes Stärkungsmittel bei Frühjahrsmüdigkeit. Wer zum Beispiel jetzt Mühe hat, am Morgen aufzustehen, versuche es. Dasselbe gilt für Tee von frisch aufgegossenen Brennesselblättern; dreimal täglich vor dem Essen trinken.

Ringelblumensalbe

Eine Handvoll frisch gepflückte Ringelblumenblätter und Blüten (Calendula) in 100 g gutem, ausgelassenem Schweinefett braun rösten, durch ein Tuch seihen. Dieses gut ausdrücken. Das Fett bis zum beginnenden Erstarren umrühren, in verschlossenem Glas im Kühlschrank aufbewahren.

Johannisöl

Man füllt offene und halboffene Blüten des Johanniskrauts (Hypericum perforatum) lose in eine weiße Glasflasche, füllt mit gutem Olivenöl auf, verschließt die Flasche und stellt sie zwei bis drei Wochen an die Sonne. Täglich schütteln. Das Öl wird tiefrot.
Man seiht es ab, drückt die Rückstände gut aus, füllt es in eine dunkle Flasche, die man gut verschlossen aufbewahrt. Zwei Jahre haltbar.

Johannisölmaske für trockene Haut
(für eine Maske)

1 KL   Johannisöl
½   Eigelb
10 Tropfen Zitronensaft

Miteinander vermischen, auf das mit lauwarmem Wasser gut gereinigte Gesicht auftragen. Nach 5 Minuten zweiten Anstrich machen. ½ Std. einwirken lassen, waschen. Haut mit Johannisöl einölen.

Johannisölmaske für unreine Haut
(für eine Maske)

1 KL   Johannisöl
½   Eigelb
1 KL   Yoghurt
½ KL   Bienenhonig (evtl. im Wasserbad
*   flüssig machen)*

Rest wie die Maske für trockene Haut

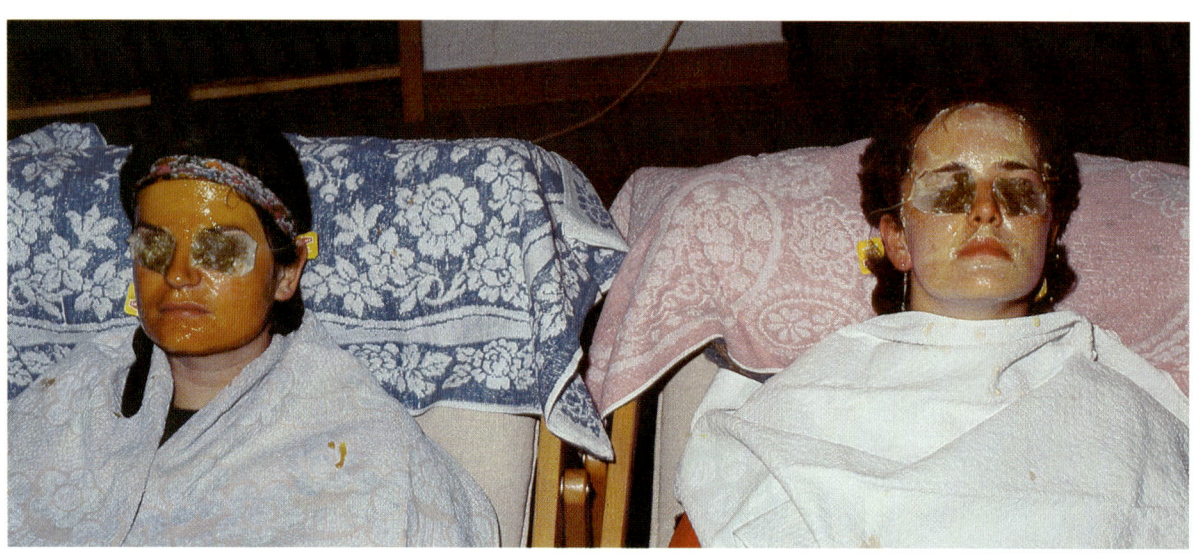

Esel brauchen kein Johannisöl, dafür Sand …

Bildnachweis

Feißt, Gwen B.: Seite 14, 39 links oben und unten, 97 oben und unten, 159

Garbani, Marco: Seite 19

Homberger Foto, Arosa: Seite 81

Kleinschnittger, Rolf: Seite 2/3, 4, 8, 10, 11, 15, 17 oben links und rechts, 21, 22, 24, 28, 29, 32/33, 34, 35, 36, 39 rechts, 42, 46, 47, 49, 50, 52, 53, 55, 56, 59, 62, 63 links und rechts, 66, 69, 70, 71 alle, 73, 76, 77, 80, 84, 85, 88/89, 92, 96 oben und unten, 112, 113, 117, 120, 121, 123, 125, 126, 127, 130, 131, 132/133, 140, 141, 146, 147, 150/151, 155 alle, 158, 160, 161, 162, 163, 164, 165, 168 beide, 169, 170, 171, 173 beide, 174, 176, 177

Pfündel, Thomas: Seite 93, 101, 104, 105, 108, 116, 136, 144 und Schutzumschlag

Widmer, Helen: Seite 17 unten links und rechts, 100, 154

Bisher sind im Albert Müller Verlag von Kathrin Rüegg erschienen:

Kathrin Rüegg schildert ihr wahrhaft beglückendes Leben, das man am liebsten nachvollziehen möchte. Ihre Bücher haben die außergewöhnliche Eigenschaft, daß man sie buchstäblich jedermann mit Erfolg schenken kann.

Kathrin Rüegg

Nach jedem Winter kommt ein Sommer

MÜLLER RÜSCHLIKON

Tessiner Tagebuch

Von Lämmern und Leuten in Froda

Kathrin Rüegg

MÜLLER RÜSCHLIKON Tessiner Tagebuch

Kathrin Rüegg

Großer Stall kleines Haus

Tessiner Tagebuch

MÜLLER RÜSCHLIKON

Kathrin Rüegg

Mit meinen Augen

Tessiner Bild-Tagebuch

Kathrin Rüegg

Ein Dach überm Kopf

MÜLLER RÜSCHLIKON

Tessiner Tagebuch